시대를 생각하다

보수적 자유주의자 이상돈의 세상 읽기

시대를 생각하다

이상돈 지음

에디터
editor

머리말

10년 동안 대학에서 공부하고 30년 동안 대학에서 가르친 나에게 천직(天職)이 무엇이었냐고 묻는다면 교육자이고 학자라고 답해야 할 것이다. 하지만 나는 그렇게 말할 자신이 없다. 여러 분야의 공부를 했고 논문도 제법 많이 발표했지만, 어느 한 분야에서 이렇다 할 학술적 업적을 남기지 못했기 때문이다. 반면에 이런저런 매체에 흔히 '칼럼'이라고 지칭하는 글을 많이 썼다. 칼럼은 학술적 가치는 없지만 많은 사람이 읽는 장점이 있다. 경우에 따라선 국가 정책이나 정치에 영향을 미치는 사람에게 상당한 영향을 끼치기도 한다. 바로 그 점이 칼럼을 쓰는 묘미이기도 하다.

대학에 자리를 잡은 1983년부터 1990년대 초까지 10여 년 동안 나는 환경 문제에 관한 칼럼을 전문지에 많이 기고했고, 그것을 엮어서 책으로 펴내기도 했다. 1995년 가을부터 2003년 말까지 조선일보 비상임 논설위원으로 사설과 무기명 칼럼 450여 편을 집필했다. 환경과 자연보호, 사법제도 등 주로 나의 전문성과 관련이 있는 주제의 사설을 썼다. 정치와 환경, 그리고 정치와 사법제도가 교차하는 분야에 관한 사설이 제일 기억에 남는다. 하지만 사설과 무기명 칼럼은 나의 입장이라기보다는 회사의 입장을 반영하는 것이기에 그때 쓴 글은 내 손을 떠난 것이다. 여하튼 대학교수가 유력한 신문에 그렇게 오랫동안 많은 사설과 무기명 칼럼을 쓰는 경우가 별로 없었기 때문에 나는 이런 측면에서 기록을 세우지 않았나 한다.

2000년부터는 조선일보에 '해외서평'이란 코너를 통해 미국에서 나온 신간 서적을 소개하는 글을 연재했고 그것은 나중에 아담한 책으로 나왔다. 2004~2005년은 대학 연구년으로 강의를 쉬면서 읽고 싶었던 책을 많이 읽었고, 평소에 가 보지 못한 곳을 여행하는 기회도 가질 수 있었다. 그 시기가 노무현 정부 후반기였는데 당시 여당이던 열린우리당은 사학법 개정, 로스쿨 도입 등을 개혁이라면서 밀고 나갔다. 이를 못마땅하게 생각하던 나는 몇몇 신문에 그런 정책을 비판하는 칼럼을 여러 차례 기고했다.

2008년에 이명박 정권이 들어섰다. 하지만 나는 그 정권이 결코 순탄하지 못할 것이라고 생각했다. 무엇보다 멀쩡한 강을 뒤집어엎는 4대강 사업을 그대로 두고 볼 수가 없었던 나는 그때 시작한 개인 블로그에 많은 글을 올렸다. 그리고 자의 반 타의 반으로 4대강 사업을 저지하기 위한 소송을 추진하는 운동에 앞장섰다.

2008년부터는 라디오 인터뷰를 많이 했다. 블로그에 올린 글과 방송 인터뷰는 인터넷 매체에 기사화되어서 종이 신문의 사설과 칼럼 못지않은 영향을 주었다. 올드 미디어가 여론 형성을 독점하던 시대가 지나갔음을 몸소 체험한 셈이다. 그러면서도 신문과 지상 인터뷰를 하고 시사 주간지에 기고하기도 했다. 그러다가 박근혜 대통령과 인연이 닿

아 새누리당 비상대책위원으로 2012년 총선을 치르고, 이어서 그해 12월에 대선을 치렀다. 그리고 나는 2013년 2월 말로 정년을 4년 앞 두고 정든 대학에서 명예퇴직을 했다. 2012년 한 해 동안 정치 일선에 몸담았을뿐더러 학술논문 발표와 강의에도 부담을 느꼈기 때문이다.

새 정부가 들어섰으나 박 대통령과의 인연은 지속되지 못했다. 나는 박 대통령이 출발부터 매우 불안하며 잘못 가고 있다고 확신했는데, 불 행하게도 내 예상대로 흘러가고 말았다. 세월호 사건을 거치면서 박 대 통령은 국정 운영 능력을 사실상 상실해 버렸다. 그즈음부터 나는 몇 몇 신문과 시사 주간지에 칼럼을 다시 쓰기 시작했다. 2015년 들어서 당시 야당이던 민주당도 파열음이 나더니 연말에는 제3당이 태동하기 시작했다. 그리고 나는 국민의당의 공동선대위원장으로 총선을 치르 고, 비례대표 의원으로 20대 국회에 진입했다. 국회의원이 됨에 따라 칼럼 집필은 중단했으나 국회 임기 중에는 방송 인터뷰를 많이 했다. 2020년 5월로 국회의원 임기는 끝났고, 자연인으로 돌아가는가 했더 니 2021년부터는 또다시 신문에 칼럼을 집필하기 시작했다.

이러다 보니 칼럼 집필은 지금까지 내가 살아온 삶의 과정에서 큰 비중을 차지했다. 요즘은 누구나 개인 블로그나 페이스북을 통해 자기 생각을 자유롭게 펼 수 있고, 방송 인터뷰를 통해서도 그렇게 할 수 있 다. 하지만 인쇄 매체인 신문과 잡지에 쓰는 칼럼은 완성도가 높아야 한다는 점에서 아무나 할 수 없다는 특성이 있다. 정해진 분량에 맞추 어서 시의성 있는 주제에 대해 좋은 내용을 담은 가독성 높은 칼럼을 쓰기란 생각처럼 쉽지 않다. 칼럼은 쓰는 사람에 따라 논리적일 수도 있고 감성적일 수도 있으나, 어떠한 경우에라도 읽는 사람이 공감할 수 있어야 한다. 무엇보다 다른 필자가 보지 못하는 측면을 제시하거나 통상적인 상식의 허구를 찌르는 내용이 있어야 좋은 칼럼이다. 좋은 칼럼을 쓰기 위해선 무엇보다 많이 알고 있어야 하고, 시대와 공간을 관통해서 볼 수 있는 안목이 있어야 한다. 나는 그런 칼럼을 쓰려고 나름대로 많은 노력을 했다.

이 책은 2000년대 들어서 2015년까지 신문과 시사 주간지에 기고했던 칼럼 중 아직도 생명력을 갖고 있다고 생각되는 80편을 골라서 엮은 것이다. 대통령을 중심으로 한 정치와 국정 운영, 그리고 중요한 현안 문제를 다룬 칼럼이 대부분이다. 마지막에는 지나간 우리의 현대사를 되돌아볼 수 있는 책을 소개한 서평을 실었다. 나는 우리 정치가 퇴보를 거듭하는 이유 중의 하나는 바로 얼마 전에 있었던 일도 기억하지 못하기 때문이라고 생각한다. 이 책이 그런 기억을 살려내서 지난날에 있었던 잘못을 되풀이하지 않는 데 조금이나마 도움이 되었으면 한다. 그동안 칼럼을 실어 준 여러 신문과 시사 주간지에 감사드리며 이번에 출판을 맡아 준 여러분에게 역시 감사의 뜻을 표하고자 한다.

2023년 5월 15일
이상돈

목 차

chapter VII 냉철한 재고

chapter VIII 책으로 읽는 역사

I 대통령의 리더십

1 전직 대통령에 대한 평가

서울경제
2009년 6월 24일 자 게재

미국에선 전직 대통령 42명을 두고 "누가 훌륭한 대통령이었나"를 묻는 여론조사가 자주 이뤄져서 호사가(好事家)의 화제가 되곤 한다. 지난 2007년 2월 갤럽의 조사에 의하면 응답자들은 훌륭한 대통령으로 에이브러햄 링컨, 로널드 레이건, 존 F. 케네디, 빌 클린턴, 그리고 프랭클린 루스벨트 순서로 뽑았다. 2005년 5월 워싱턴대학의 조사에서는 훌륭한 대통령 순서가 링컨, 레이건, 프랭클린 루스벨트, 케네디, 클린턴이었다. 2000년 2월 ABC 방송 조사에 의하면 링컨, 케네디, 프랭클린 루스벨트, 레이건, 조지 워싱턴의 순서였다. 이런 조사는 1000명 내외의 일반인을 상대로 한 것이다.

학자들을 상대로 한 조사는 일반인을 상대로 한 조사와는 약간 다른 면모를 보인다. 학자들은 훌륭한 대통령으로 조지 워싱턴, 토머스 제퍼슨, 링컨, 시어도어 루스벨트, 우드로 윌슨, 프랭클린 루스벨트, 해리 트루먼, 드와이트 아이젠하워 순으로 뽑는다. 1960년대 이후 동시대의 대통령으로는 케네디와 레이건을 위대한 대통령으로 평가한다. 트루먼, 아이젠하워, 그리고 레이건은 임기가 끝나고 나서 훌륭한 평가를 받는다는 것도 흥미롭다. 트루먼은 재직 중에는 인기가 낮았고, 아이젠하워는 인기는 높았지만 "골프나 치고 아무것도 안 한다"라는 비난을 받았다.

한국사회여론연구소(KSOI)가 지난 6월 15일 전국의 성인 1000명을 상대로 우리의 전직 대통령에 대한 호감도를 조사해서 발표했다. 이에 의하면 박정희 대통령이 38.1%, 노무현 대통령이 36.0%로 높게 나타났고, 이어서 김대중 10.7%, 이승만 3.6%, 전두환 3.2%, 김영삼 1.4%, 노태우 0.6%의 순서였다. 노무현 대통령이 단숨에 박정희 대통령과 동급 수준으로 올라선 것이다. 박정희 대통령에 대한 지지는 지역적으로는 경북-대구와 충청, 연령적으로는 40대 이상에서 높게 나타났고, 노무현 대통령에 대한 지지는 수도권, 20~30대에서 높게 나타났다.

이 조사는 미국처럼 '훌륭한 대통령'을 물은 것이 아니라 '좋아하는 대통령'을 물은 것이지만, 노무현 대통령에 대한 호감도가 20년 가까이 대통령으로 재직한 박정희 대통령과 동급이라는 사실은 범상치 않다. 김영삼 대통령에 대한 호감도가 이렇게 낮아진 것은 우리 사회의 양극화 현상이 심각함을 보여 주는 증거다. 20~30대에서 노무현 대통령에 대한 호감도가 높다는 사실은 우리 사회의 미래를 보여 주기도 한다.

이 조사는 노무현 대통령의 사망을 '형사피의자의 자살'로 치부하고 싶어 하는 일부 보수층의 기대를 무산시키기에 충분하다. 이런 분위기가 얼마나 오래갈지, 또 이런 여론이 닥쳐올 선거에 어떤 영향을 미칠 것인지가 궁금하지 않을 수 없다.

1964년의 미국 대통령 선거는 이런 의문을 푸는 데 다소 도움이 되지 않을까 한다. 1964년 미국 대통령 선거에서 민주당 후보인 린든 존슨 대통령은 공화당 후보인 배리 골드워터 상원의원을 압도적으로 누르고 승리했다. 골드워터의 참패를 보고 "공화당이 재기할 수 있을까?" 하고 걱정하는 평론가도 많았다. 민주당이 압승을 거둔 데는 비극적으로 사망한 존 F. 케네디에 대한 추모가 큰 역할을 했다. 암살당한 케네디는 순교자처럼 여겨졌고 존슨은 그의 유업(遺業)을 이어갈 것처럼 행세했다.

케네디가 1963년 11월에 텍사스를 방문한 것은 당시 남부의 정서가 심상치 않아서 그것을 달래기 위함이었다. 케네디 측은 뉴욕 지사이던 넬슨 록펠러가 공화당 후보로 나오면 이길 수 있지만, 남서부 출신인 골드워터가 후보로 나오면 남부와 서부가 공화당을 지지하게 돼 쉽지 않은 게임이 될 것으로 우려했다. 그런데 케네디가 암살당하자 골드워터는 케네디를 비판할 수 없는 상황에서 선거운동을 해야만 했고, 존슨은 케네디의 후광(後光)을 등에 업고 낙승(樂勝)할 수 있었다. 케네디와 노무현 전 대통령의 죽음은 성격도 다르고 상황도 다르다. 하지만 전직이든 현직이든 대통령의 비극적인 죽음은 정치에 영향을 미치기 마련이다.

2   대통령은 내정이 중요하다

시사저널
2014년 3월 11일~18일 자(1273호) 게재
원제: 내정이 더 중요하다

박근혜 대통령 취임 1주년을 맞아 여러 언론이 대통령의 국정 운영에 대해 여론조사를 했는데 결과는 비슷했다. 박 대통령의 지지도는 50% 후반에서 60% 초에 이르고, 외교와 대북 정책에서 높은 점수를 얻었다. 하지만 내정에서 저조한 평가를 받았는데 특히 인사와 소통 분야에서 나쁜 점수를 받았다.

　대통령 업무에 있어서 외교와 내정은 모두 중요하다. 하지만 그중 어느 것이 더 중요하냐고 묻는다면, 나는 내정이 더 중요하다고 답하겠다. 미국 같은 글로벌 강대국이라면 대외 정책이 매우 중요하겠지만, 우리의 경우엔 대북 관계와 동북아 정세를 제외하면 안보 외교를 펼칠 여지가 별로 없다. 북한과 중국에 대해서도 우리가 취할 수 있는 외교적 주도권(이니셔티브)은 제한되어 있다.

　대외 관계에서 성공한 대통령이 재선에서 실패하기도 한다. 조지 H. W. 부시 대통령이 그런 경우다. 1989년 취임한 부시는 소련과 동유럽 공산 체제의 붕괴에 성공적으로 대처했고, 이라크를 상대로 한 걸프전쟁을 승리로 이끌었으며, 북미자유무역협정과 세계무역기구(WTO) 협정을 이루어 내는 등 눈부신 성과를 거뒀다. 그런데도 부시는 1992년 대선에서 패배했다. 불경기에 지친 유권자들은 "바보야, 문제는 경제야!"라는 슬로건을 내건 빌 클린턴을 지지했다.

워터게이트 사건으로 대통령직을 사퇴해야 했던 닉슨도 마찬가지다. 베트남전쟁을 마무리하고 중국을 방문한 닉슨은 성공적인 외교 대통령이었다. 그러나 미국인들은 민주주의와 법치주의를 유린한 그를 용서하지 않았다. 조지 W. 부시 대통령은 명분이 희박한 이라크전쟁을 일으켜 미국의 군사력은 물론이고 경제력마저 훼손시켰다. 2008년 경제위기가 닥쳐오자 부시 정부는 허둥거렸고, 그해 가을 선거에서 공화당은 크게 패배했다.

우리나라도 미국과 다르지 않다. 노태우 대통령은 북방 정책을 성과로 내세웠지만, 나중에 밝혀진 비자금 사건은 그의 모든 업적을 집어삼켰다. 김영삼 대통령도 임기 초 시애틀에서 열린 아·태 정상회담에 참석하고 호주를 방문하는 등 화려한 순방 외교를 펼쳤다. 하지만 임기 말에 일어난 아들 현철 씨 사건과 경제위기는 모든 것을 지워 버렸다.

대통령이 자신의 정치적 위기를 덮기 위해 대외 정책을 사용할 가능성도 경계해야 한다. 1997년에 나온 미국 영화 〈왝 더 독(Wag the Dog)〉은 선거를 앞두고 자신의 스캔들을 덮기 위해 가짜 전쟁을 연출하는 대통령을 그린 블랙 코미디다. 어려운 국내 정치 상황을 피해서

걸핏하면 외국에 나가는 대통령도 비슷한 심리일 것이다.

　조지 H. W. 부시 대통령 시절, 백악관 안보보좌관실에서 일했던 리처드 하스는 조지 W. 부시 행정부에선 국무부 실장으로 일했다. 하스는 콜린 파월 국무부 장관과 함께 이라크전쟁을 막아 보려고 노력했지만 여의치 않자 사임하고 연구기관으로 돌아갔다. 그는 지난해에 출간한《대외 정책은 국내에서 시작한다 *Foreign Policy Begins at Home*》라는 책에서 대통령이 대외 개입을 자제하고 국내 문제를 정상화하는 데 주력해야 한다고 주장했다. 대외 정책을 효과적으로 추진하기 위해서도 정치·경제 등 국내 문제를 제대로 관리해야 한다고 지적한다. 우리에게도 시사하는 바가 크다.

3   실패한 대통령에게서 배워라

경향신문
2014년 7월 9일 자 게재

1964년 미국 대통령 선거에서 민주당 후보 린든 존슨은 암살당한 존 F. 케네디의 후광에 힘입어 대승을 거두었다. 선거 기간 중 존슨은 공화당 후보 배리 골드워터 상원의원이 당선되면 베트남에서 전쟁을 크게 벌일 것이라고 공세를 퍼부어서 재미를 보았다. 하지만 대통령에 당선된 존슨은 베트남전쟁에 본격적으로 개입했다. 많은 전사자를 내고 엄청난 돈을 퍼부었음에도 미국은 베트남전쟁에서 승리하지 못했다.

존슨은 지독한 마이크로 관리자(micro manager), 즉 만기친람(萬機親覽)형 대통령이었다. 그는 북베트남에 대한 폭격 지점과 공습 규모를 직접 정하는 등 합동참모본부의 영역인 작전에도 일일이 간여했다. 합참 지휘부부터 현지 중대장까지 백악관을 욕했으니, 그 전쟁이 잘될 수가 없었다. 존슨은 재선을 포기함으로써 자신이 실패한 대통령임을 인정해야만 했다.

1968년 대선에서 당선된 리처드 닉슨은 자신이 해야 할 일을 확실히 알고 있던 '준비된 대통령'이었다. 닉슨은 하버드의 정치학자 헨리 키신저를 기용해서 미·중 관계 정상화의 물꼬를 트고 베트남전쟁을 종식하였다. 하지만 닉슨은 언론을 기피했고, 남을 의심하는 피해망상 증상까지 있었다. 그는 자신을 오랫동안 보좌해 온 밥 홀드먼, 존 얼릭먼 등 캘리포니아 출신 핵심 측근들만 신뢰했다. 자연히 백악관에는 '인 (人)의 장막'이 생겼고, 공작정치의 음습한 기운이 감돌았다. 그 결과는 워터게이트 스캔들이었다. 민주당 전국위원회 사무실이 있는 워터게이트 빌딩에 침입한 괴한들의 배후가 백악관이고, 백악관이 사건 은폐를 지시했음이 밝혀지자 닉슨에 대한 탄핵 절차가 개시됐고 닉슨은 사임해야만 했다.

닉슨의 실패에 진저리를 친 미국 유권자들은 워싱턴 정치와 무관한 지미 카터를 대통령으로 선출했다. 카터는 검증된 사람들을 각료로 기용했고 저명한 국제정치학자 즈비그뉴 브레진스키를 안보보좌관으로 영입했다. 하지만 카터는 신념을 이유로 병역을 거부한 전력이 있는 시어도어 소렌슨을 CIA 국장으로, 그리고 국제관계에 문외한인 흑인 민권운동가 앤드루 영을 유엔 주재 대사로 임명했다. 파격적 인사를 통해 변화를 추구하려 했지만, 이것이 문제가 됐다. 소렌슨은 청문회가 열리기 전에 사퇴했고, 어렵게 대사가 된 앤드루 영은 구설수나 일으키다가 사임해서 카터에게 큰 상처를 입혔다.

해밀턴 조던 비서실장 등 카터를 따라서 백악관에 입성한 조지아 출신 참모들은 워싱턴 정치에 미숙했고, 코카인 흡입 의혹 등 쓸데없는 말썽을 일으켰다. 카터 자신도 아마추어같이 말하고 행동해서 대통령의 권위를 추락시켰다. 핵물리학을 공부한 해군 장교 출신답게 매사에 너무 꼼꼼한 카터는 전형적인 마이크로 관리자였다. 세상의 모든 문제를 혼자 짊어지고 고민한 그는 인플레이션과 유류(油類) 파동 등 경제 난국을 풀지 못했고 대외 정책에서도 실패했다. 카터는 1980년 선거에서 로널드 레이건에게 참패했다. 카터 행정부 4년의 실패가 공화당 12년 치세를 불러온 셈이다.

1960~1970년대 미국 대통령의 '실패 스토리'를 장황하게 늘어놓은 이유는 우리의 모습이 겹쳐 보이기 때문이다. 닉슨의 '캘리포니아 사단'과 카터의 '조지아 마피아'의 경우에서 보듯이 특정한 인맥이 대통령 주위에 들어서서 장막을 치는 정권은 반드시 망하게 되어 있다. 요즘 박근혜 대통령 주변의 몇몇 측근이 정권의 '실세'라는 보도가 심심치 않게 나오고 있는데, 이런 현상은 매우 불길하다. 워터게이트 같은 음습한 일이 벌어질 가능성도 있다.

매사를 자기가 챙기고 결정하려는 만기친람형 대통령은 100% 실패하게 되어 있다. 대통령은 유능하면서도 믿을 수 있는 사람을 기용하고, 이들이 소신껏 일할 수 있도록 힘을 실어 주어야 한다. 참모와 각료는 대통령의 지시를 받는 부하가 아니다. 참모와 각료는 함께 토론하고 결론을 도출하라고 있는 것이다. 닉슨은 또한 언론을 회피하고 언론에 대해 피해의식을 갖는 대통령의 취약함을 잘 보여 주었다.

존슨, 닉슨, 그리고 카터를 '실패한 대통령'이라고 평가하지만, 이들이 임명한 장관들은 대부분 괜찮은 인물들이었다. 문제는 대통령 자신과 백악관 참모에 있었다. 우리의 경우는 대통령과 청와대 참모도 그렇지만 총리와 내각은 아예 존재감이 없어서 상황이 더욱 심각하다.

4 대통령은 우상인가?

시사저널
2014년 11월 11일~18일 자(1308호) 게재
원제: 우상(偶像)이 되어 버린 대통령

몇 해 전에 나온 《대통령이란 컬트 *The Cult of the Presidency*》라는 책을 읽은 적이 있다. 보수 성향의 정치학자인 진 힐리가 쓴 책인데, 미국인들은 대통령을 국민에게 희망을 주고 또 모든 것을 해결해 줄 수 있는 존재로 기대하지만 결국에는 크게 실망하고 만다는 논지였다. 한 대통령이 실패하면 그다음 대통령에게 기대를 하고, 그 대통령이 실패하면 또 그다음 대통령에게 기대를 한다는 것이니 이쯤 되면 대통령이란 미신(迷信)을 믿는다는 말이 나올 만하다. 모든 문제를 해결할 것처럼 큰소리치는 대통령도 문제이지만, 그런 대통령을 기대하는 대중의 심리 상태는 사교(邪敎) 집단을 닮았다는 이야기다.

9·11테러 후 조지 W. 부시 대통령이 아프가니스탄을 공격했을 때 부시에 대한 지지도는 90%에 달했다. 그러나 두 번째 임기 들어서 이라크전쟁이 오래가는 등 상황이 나빠지자 미국인들은 부시를 외면하기 시작했다. 2008년 들어서 경제위기가 미국에 닥쳐오자 미국인들은

혜성같이 나타난 버락 오바마를 구세주처럼 생각하고 대통령으로 선출했다. 당시 언론은 부시를 '믿기 어렵게 작아지는 대통령(incredibly shrinking president)'이라고 불렀다.

오바마는 이라크전쟁을 끝내고 아프간전쟁을 성공시키고 경제를 살리겠다고 약속하고 대통령에 당선됐다. 하지만 6년이 지난 오늘날 오바마 역시 '믿을 수 없이 작아지는 대통령'이 되고 말았다. 이라크와 아프가니스탄에서 실패했고, 경제 살리기에도 실패했으니 더 이상 기대할 것이 없다. 엊그제 치러진 중간선거에서 공화당이 대승을 거둠으로써 오바마는 사실상 불신임받고 말았다. 세상의 모든 문제를 자기가 풀겠다고 장담했던 오바마를 버린 미국인들은 그들을 구해 줄 또 다른 우상(偶像)인 차기 대통령을 찾아 나선 것이다.

우리의 사정도 똑같다. 경제를 살려서 온 국민을 부자로 만들어 주겠다는 이명박 대통령의 실체를 깨닫는 데는 그다지 오랜 시간이 걸리지 않았다. 이명박 정권 초기부터 대중은 박근혜라는 정치인을 이명박의 문제를 해결해 줄 수 있는 차기 대통령으로 보고 많은 기대를 했다. 박근혜는 이명박 정권 내내 우상과 같은 존재였다. 그리고 박근혜 대통령 시대가 열렸으나 그 결과는 신통치 않았다. '국민이 행복한 나라'를 열겠다고 약속하고 당선된 박근혜 대통령은 언제 그런 약속을 했느냐는 식이다. 정치쇄신, 경제민주화 등 모든 공약을 파기하고 대중과 담을 쌓은 대통령을 보는 일반 국민은 우상이 내린 저주에 걸린 심정일 것이다.

박 대통령도 이미 '믿기 어렵게 작아지는 대통령'이 된 형상이다. 이런 상황에서 차기 대통령에 대한 논의가 회자되고 있으니 대중은 또다시 다음 우상을 찾아 나선 꼴이다. 기존 정치권 인사에 대한 불만에 힘입어 반기문 유엔 사무총장이 차기 대통령감으로 급부상한 것도 그런 심리의 표현이다. 온갖 기대를 안고 당선된 대통령에 대해 금방 실망하고, 그런 실망을 다음 대통령에 대한 기대로 해소하는 대리 만족 과정이 반복되고 있다.

한 개인에 대해 많은 것을 기대하는 것 자체가 잘못일 수 있다. 진 힐리는 영웅적 리더십을 대통령에 기대해서는 안 된다면서, 권력을 회의적 시선으로 보는 태도야말로 헌법과 민주국가의 토대라고 말한다. 차기 대통령에 대한 논의가 과열되고 있는 상황에서 새겨들어야 할 대목이다.

5 대통령 비서실장

매일신문
2015년 1월 16일 자 게재

김기춘 대통령 비서실장이 야당과 언론으로부터 사임 압력을 받고 있다. 이런 상황이 올 정도라면 김기춘 실장은 이미 사임했어야 마땅하다. 대통령 비서실장은 대통령을 보좌하고 또 보호하는 자리이기 때문에 이유 여하를 떠나서 이런 상황을 초래한 데 대해 책임을 져야 함은 너무나 당연하다. 문제는 물론 박근혜 대통령이 김기춘 실장을 내보내지 못하는 데 있다.

대통령 비서실장에 누구를 임명하고 또 어떤 역할을 맡기는가는 전적으로 대통령의 재량이다. 역대 대통령 비서실장 중에선 박정희 대통령 아래에서 9년 동안 비서실장을 지낸 김정렴이 역할을 잘했던 것으로 평가된다. 전두환 대통령은 7년 재임 중 비서실장을 7명이나 임명했으나 그 역할은 제한적일 수밖에 없었다. 전 대통령은 김경원, 함병춘 같은 학자와 이범석, 강경식 같은 엘리트 관료를 비서실장으로 기용해서 자신의 부족한 면을 보충토록 했다.

노태우 대통령은 서울대 교수 출신인 노재봉을 비서실장으로 기용하고, 이어서 국무총리로 임명해서 주목을 샀다. 노 대통령 임기 후반기에 비서실장을 지낸 정해창은 법무부 장관을 지낸 중량급이었다. 김영삼 대통령은 임기 초에 나중에 국회의장을 지내게 되는 박관용을 비서실장으로 임명했고, 김대중 대통령은 민정당 출신인 김중권을 비서실장으로 기용했다. 두 김 대통령이 임명했던 비서실장 명단을 보면 역시 정치를 아는 대통령들이었음을 알게 된다. 노무현 대통령은 정치 경험이 많은 문희상을 비서실장으로 임명해서 자신의 부족한 점을 채우려 했다.

대통령제의 본산인 미국에선 아이젠하워 대통령 시절에 비로소 비서실장이라고 할 만한 직책이 생겼다. 아이젠하워의 비서실장을 오래 지낸 셔먼 애덤스는 주지사를 지낸 중량급이었으나 불미스러운 일로 사임했다. 존 F. 케네디 대통령의 비서실장을 지낸 케네스 오도넬은 로버트 케네디의 친구였다. 오도넬은 케네디 대통령의 텍사스 방문을 기획한 장본인이었는데, 케네디가 댈러스에서 암살되자 죄책감에 시달려야만 했다. 케네디에 이어서 대통령이 된 존슨은 비서실장이란 직책을 두지 않았다.

닉슨 대통령의 비서실장을 지낸 밥 홀드먼은 닉슨의 오랜 측근이었는데, 워터게이트 사건으로 사임하고 감옥에 가야만 했다. 제럴드 포드 대통령의 비서실장을 지낸 도널드 럼즈펠드와 딕 체니는 당시 공화당의 세대교체를 이루어 낸 주역으로, 조지 W. 부시 행정부에서 국방부 장관과 부통령으로 '테러와의 전쟁'을 주도하게 된다. 카터 대통령은 오랜 측근인 해밀턴 조던을 비서실장으로 임명했다. 조던이 이끌던 조지아 출신들은 국정을 감당하기에는 함량이 부족했고 카터는 재선에 실패했다.

레이건 대통령은 조지 H. W. 부시의 참모를 지낸 제임스 베이커를 비서실장으로 임명하고, 자신의 참모인 에드윈 미즈와 마이클 디버로 하여금 그를 돕도록 했다. '백악관 3인방'으로 불리는 이들은 레이건 1기를 성공으로 이끌었고, 제임스 베이커는 매우 성공적인 대통령 비서실장으로 평가된다. 레이건 2기에 비서실장으로 임명된 도널드 리건은 이란-콘트라 사건을 야기하는 등 문제가 많았고, 레이건은 결국 그를 해임해야만 했다.

레이건에 이어 대통령이 된 조지 H. W. 부시는 뉴햄프셔 주지사를 지낸 존 스누누를 비서실장으로 임명했는데, 그는 정부 비행기에 친지들을 태우고 휴가를 가는 등 문제를 많이 일으켜서 사임해야 했다. 매사에 독단적이었던 스누누는 부시 대통령이 재선에 실패하는 데 일조했다. 클린턴 대통령은 8년간 재임하는 동안 4명의 비서실장을 두었는데, 두 번째 실장이던 리언 패네타는 백악관을 재정비해서 클린턴이 재선에 성공하는 데 기여했다. 조지 W. 부시는 아버지 정부에서 교통부 장관을 지낸 앤디 카드를 비서실장에 임명했다. 임기 7년 차를 맞는 오바마 대통령은 비서실장을 6명이나 두었으니 평균 재직기간이 고작 1년인 셈이다.

성공한 대통령에게는 대통령에게 여론을 전달하고, 정확한 정보와 합리적인 판단 자료를 제공했던 좋은 비서실장이 있었다. 반면에 비서실장이 독단적이거나 권력 지향적인 경우는 대통령 자체가 실패하고 말았다. 이 같은 역사의 교훈을 우리 모두 깨달아야 한다.

6 대통령의 측근

시사저널
2015년 2월 3일~10일 자(1320호) 게재
원제: 분수 모르는 측근들

사람에 대한 평가를 위해선 그 사람의 주변을 보는 것도 좋은 방법이다. 마찬가지로 대통령도 그 주변을 보면 그가 어떤 사람인지를 알 수 있게 된다. 대체로 대통령 자신의 리더십이 확실하면 좋은 사람을 주위에 두게 된다. 대통령이 정치적이면 정치적 인물들이 정권에 많이 등용되고, 대통령이 지적이면 교수 등 지식인을 중용하는 경향이 있다.

하버드대학을 나온 젊고 지적인 존 F. 케네디 대통령은 30대에 하버드 대학원장이 된 맥조지 번디를 대통령 안보보좌관에 임명해 이목을 끌었다. 케네디가 암살된 후에 대통령이 된 린든 존슨은 번디가 사임하자 MIT 교수를 지낸 월트 로스토를 안보보좌관으로 기용했다. 닉슨 대통령은 하버드대학 교수이던 헨리 키신저를, 카터 대통령은 컬럼비아 대학 교수이던 즈비그뉴 브레진스키를 안보보좌관에 임명했다. 하지만 닉슨의 백악관에서는 밥 홀드먼 비서실장 등 캘리포니아 출신들이 활개를 치더니 워터게이트 사건으로 닉슨은 사임하고 이들은 감옥에 갔다. 카터의 백악관도 사정은 비슷했다. 해밀턴 조던 등 조지아 출신들이 백악관을 장악하더니 카터는 연임에 실패했다.

자기보다 훌륭한 인물을 많이 기용한 미국 대통령으론 해리 트루먼이 뽑힌다. 대학을 졸업하지 못한 트루먼은 상원의원을 지내다가 중서부 지역 배려 차원에서 부통령이 됐는데, 부통령이 된 지 82일 만에 루스벨트가 사망하자 대통령이 됐다. 일본에 대한 원자폭탄 투하, 서유럽 재건을 위한 마셜 플랜 실시, 한국전쟁 참전 등 중요한 결정을 많이 내린 트루먼은 조지 마셜, 애버렐 해리먼, 딘 애치슨, 오마르 브래들리 등 거물을 중용했고 이들의 의견에 귀를 기울였다.

우리나라도 미국과 크게 다를 것이 없다. 군 출신인 전두환·노태우 대통령은 자신들의 부족한 부분을 채우기 위해 경제·외교 분야에는 최고의 엘리트를 기용했다. 김영삼 대통령과 김대중 대통령은 자신과 정치 행로를 같이한 정치인들을 중용했지만, 그 시절 청와대에도 개혁을 추진하던 학자 출신들이 포진하고 있었다. 노무현 대통령은 측근 그룹과는 각별했고 소통이 잘되었던 대통령이었지만, 자신의 개성이 너무 강해 갈수록 독선으로 흐르더니 2007년 대선에서 여당은 참패하고 말았다. 이명박 대통령은 임기 내내 독선과 불통으로 일관하다가 2011년에 한나라당이 몰락하는 사태를 겪었다.

'국민만 보고 가겠습니다'라는 슬로건을 내걸고 당선된 박근혜 대통령이 '불통과 측근 정치'의 화신(化身)이 될 것으로 예상한 사람은 없었다. 또한 박근혜 정부의 내각과 청와대 참모가 이토록 존재감 없는 인물들로 채워질 것으로 예상한 이도 없었다. 무엇보다 '정윤회 문건' 파동과 김무성 새누리당 대표의 수첩 사건은 박근혜 정부가 어떻게 굴러가고 있는지를 보여 주었다. '문고리 3인방'과 '십상시'라고 불리는 측근 비서 그룹이 분수에 지나친 권한을 행사하고 있다는 의혹이 사실로 확인된 것이다. 대통령 주변에 이런 수준의 사람들뿐이면 대통령의 수준도 비슷하게 되고 마는 법이다.

7   해리 트루먼의 리더십

매일신문
2015년 3월 6일 자 게재

미국의 역사학자나 정치학자가 대통령 당선인에게 꼭 읽기를 권하는 책은 미국 역사학자 데이비드 매컬러프가 쓴 《트루먼 *Truman*》이다. 트루먼 대통령의 일대기인 이 책은 1992년에 나왔는데, 본문이 1천 쪽에 달한다. 루스벨트 대통령이 4번째 임기를 채우지 못하고 사망할 것이라는 관측이 우세한 가운데 부통령이 된 트루먼이지만, 루스벨트는 원자폭탄 개발 등 전쟁 진행 상황을 트루먼에게 알려주지 않았다. 루스벨트가 휴양지에서 사망하자 트루먼은 부통령이 된 지 82일 만에 대통령이 됐다.

트루먼은 루스벨트 대통령의 내각을 이끌고 제2차 세계대전을 마무리했다. 트루먼은 일본 본토에 대한 대규모 공습과 원자폭탄 투하 등 중요한 결정을 내린 용기 있는 지도자였다. 제2차 세계대전이 끝난 후 동서 냉전이 시작되자 트루먼은 육군참모총장으로 전쟁을 승리로 이끈 조지 마셜을 국무부 장관으로 임명했다.

트루먼은 제1차 세계대전 당시 포병 대위로 참전했는데, 미국 원정군의 참모로서 명성이 높았던 마셜을 존경했다. 1948년 대선에서 예상을 뒤엎고 승리한 트루먼은 건강상 이유로 사임을 청한 조지 마셜의 후임으로 국무부 차관을 지낸 딘 애치슨을 국무부 장관에 임명했다. 북한군이 한국을 침공하자 트루먼은 미군을 한국에 파병하도록 지시했다. 트루먼은 국방 태세를 게을리한 책임을 물어 루이 존슨 국방부 장관을 해임하고, 은퇴한 조지 마셜에게 국방부 장관을 맡아 달라고 부탁했다. 마셜은 미군을 정비해서 한국에서의 전쟁을 이끌었다. 트루먼은 본국의 지휘 체계를 무시하고 전쟁을 확대하려는 더글러스 맥아더 사령관을 해임했다. 맥아더를 해임하자 트루먼의 지지도가 폭락했지만 트루먼은 개의치 않았다. 트루먼은 소신 있는 대통령이었다.

트루먼은 제2차 세계대전 후 귀향한 장병들에게 정부 장학금을 주어서 대학에 다니게 했고, 루스벨트의 뉴딜정책을 이어받아 사회복지를 확충했다. 이런 정책에 힘입어 미국은 1950년대의 번영을 열 수 있었다. 트루먼은 유럽에서 공산체제의 확장을 막아 내겠다는 '트루먼 독트린'을 선포하고 공산화 위험에 빠진 그리스를 지켜 냈다. 트루먼은 '마셜 플랜'을 가동해서 폐허가 된 서유럽 국가들을 재건토록 했다.

트루먼은 겸손한 지도자였다. 미주리주(州)의 작은 마을에서 태어나서 자란 그는 대학을 나오지 못했지만 젊은 시절에 책을 많이 읽었다. 육군 장교가 되길 원했던 그는 근시를 숨기고 장교 후보생이 될 수 있었다. 평범한 서민 출신 대통령인 트루먼은 대통령이 된 후에도 고향을 찾아 마을 사람들과 격의 없이 어울렸다. 트루먼은 자신보다 학력과 경력이 훨씬 뛰어난 조지 마셜, 딘 애치슨, 애버렐 해리먼 같은 기라성 같은 인물들을 주변에 두고 그들의 의견에 귀를 기울였다.

서유럽을 돕기 위한 계획에 '마셜 플랜'이란 이름을 붙이려 하자 정작 마셜 국무부 장관은 자신의 이름을 붙일 수는 없다면서 '트루먼 플랜'으로 하자고 했다. 하지만 트루먼은 "당신이 입안한 계획이니 당신 이름을 붙여야 한다"고 해서 '마셜 플랜'이 됐다. 애치슨 국무부 장관은 이런저런 회의로 유럽 출장이 많았는데, 힘든 협상을 마치고 돌아오는 애치슨 장관을 대통령인 트루먼이 손수 공항으로 마중을 나가기도 했다. 1952년 대선에 공화당이 아이젠하워를 후보로 내세우자 민주당에선 아무도 후보로 나서려 하지 않았다. 트루먼은 일리노이 주지사이던 애들레이 스티븐슨을 만나서 "나같이 머리가 좋지 않은 사람도 대통령을 해냈는데, 당신은 나보다 공부도 많이 했고 유능하니까 더 잘할 수 있다"고 설득해서 대선에 나서도록 했다.

트루먼은 한국전쟁을 마무리 짓지 못하고 임기를 끝내는 것을 아쉬워했다. 트루먼은 자신의 2기 행정부에서 4년 동안 국무부 장관을 지낸 딘 애치슨이 자택에서 베푼 송별파티에 참석한 후 기차에 몸을 싣고 고향 미주리로 향했다. 워싱턴역에는 트루먼을 보기 위해 많은 사람이 모여들었다. 고향으로 돌아온 트루먼은 부인과 함께 차를 몰면서 많은 곳을 여행했다. 주민들은 주유소에서 자동차에 휘발유를 넣고 우체통에 편지를 넣는 트루먼을 자주 볼 수 있었다.

국민과의 소통은커녕 참모들과도 소통하지 못하고, 좋은 사람을 기용하기는커녕 도무지 인사를 하지 못하는 박근혜 대통령을 보고 있자니 트루먼 대통령의 겸손하고 소탈한 리더십이 새삼 돋보인다.

8   마가릿 대처와 민영화

시사저널
2013년 12월 24일~31일 자(1262호) 게재
원제: 마가릿 대처를 제대로 아는가

철도 민영화 논쟁과 노조 파업 사태를 보고 있노라면 30년 전 마가릿 대처 총리 시절의 영국이 떠오른다. 철도에도 경쟁 논리를 도입하고, 파업하는 노조에 대해선 강경하게 대처해야 한다고 주장하는 사람들이 그때의 대처 총리를 언급하기도 한다. 박근혜 대통령도 대처 총리와 같은 길을 걸어야 한다는 것이다. 하지만 이들이 내세우는 그때의 '대처'에는 아전인수(我田引水)식 해석의 측면이 많다.

1979년 봄, 집권에 성공한 대처는 취임 직후부터 정부조직과 공무원 개혁을 강도 높게 단행했다. 대처는 거대한 공무원 조직이 영국병의 근원이라고 보고 반관반민(半官半民) 조직을 만들어 비능률적인 정부조직을 혁파했다. 관료제를 개혁하는 데 성공한 대처 정부는 방만한 국영 항공(BA)·국영 통신(BT)·국영 석유(BP)를 민영화해 경쟁 체제를 도입했다. 파산한 롤스로이스 자동차를 정부가 인수해서 더 큰 적자를 만든 큰 실패를 목격한 영국민들은 정부의 이런 조치를 지지했다.

1983년 총선에서 대처가 이끄는 보수당은 397석을 차지하며 209석을 얻는 데 그친 노동당을 압도했다. 보수당의 압승은 포클랜드전쟁 승리에 힘입은 것이다. 1984년 말 사회주의자들이 이끄는 탄광 노조가 파업에 돌입하자 대처 정부는 강경하게 대응했다. 파업에 대비해 석탄을 비축해 놓은 정부를 노조가 이길 수는 없었다. 영국민들은 노조가 벌이는 잦은 파업을 싫어했고, 전통적으로 노조를 지지해 온 노동당마저 탄광 노조에 등을 돌렸다. 대처가 노조와 싸워 승리한 데는 이러한 민심의 지지가 결정적 역할을 했다.

　　영국의 철도 민영화는 대처의 후임자인 존 메이저 총리 시절인 1995년에 이루어졌다. 철도 사업에 경쟁 체제를 도입하겠다는 취지였지만, 인수하겠다는 업체가 한 곳밖에 없어서 결국 그 민간 기업이 영국 철도(BR)를 인수하고 말았다. 철도 민영화는 영국 보수당 정부가 취했던 민영화 정책 중 실패한 사례로 꼽힌다.

　　대처가 시대착오적인 석탄 에너지를 볼모 삼아 파업을 일삼는 노조를 제압한 것은 집권 5년 차 때였다. '철(鐵)의 여인'이라는 대처도 여론의 지지와 야당의 동조를 등에 업고서야 비로소 노조를 누를 수 있었다는 데 주목해야 한다. 노조 파업을 단순히 준법에 의존해서 해결하기는 어렵다는 것을 대처는 잘 알고 있었다. 대처가 시작한 민영화 정책은 민간 경쟁이 가능하고 그게 바람직한 항공·통신·석유 분야에서는 성공을 거두었다. 국영 설탕 회사, 국영 자동차 회사 등 국영 기업이 즐비했던 당시 영국에서 민영화는 당연한 '개혁'이었다. 하지만 철도의 경우는 사정이 달랐다. 철도는 항공기 및 다른 도로 교통수단과 경쟁을 하지, 철도끼리 경쟁하지는 않는다. 철도를 포기한 멕시코와 칠레를 제외한 대다수 나라가 적정 규모의 적자를 감수하면서 철도를 운영하는 것은 철도가 일정 수준의 공공성을 갖고 있기 때문이다.

이런 특성을 무시하고 단행한 영국 철도(BR)의 민영화는 민간 투자와 서비스 향상이란 원래의 목적을 달성하지 못했다. 영국에서 철도 민영화가 실패한 것은 철도의 특성을 간과했기 때문이다. 영국 보수 정권에서 있었던 일을 교훈 삼아 철도 민영화 논란과 코레일 파업 사태가 원만하게 해결되길 바란다.

9 　로널드 레이건과 냉전

매일신문
2016년 2월 15일 자 게재
원제: 소련은 어떻게 무너졌나

정치권에서 북한이 소련처럼 궤멸할 것인지를 두고 논란이 일곤 한다. 1989년 가을에 동독이 무너지고 독일이 통일되듯이 북한이 붕괴할 수 있는지에 대해선 전문가들 사이에서 논란이 있다. 또한 소련이 무너지고 냉전이 종식된 것이 공산체제의 내재적 모순 때문인지, 아니면 1980년대 들어서 강화된 미국의 대외 정책 때문인지에 대해서도 논란이 있다. 만일 레이건 행정부의 대외 정책에 힘입어서 공산정권이 붕괴했다면 우리는 그로부터 많은 교훈을 얻을 수 있을 것이다.

미국의 보수주의자들은 냉전이 종식된 것은 로널드 레이건 대통령 덕분이라고 본다. 레이건은 할리우드에서 배우 생활을 할 때, 전향한 소련 간첩 휘태커 챔버스의 회고록 《증인 Witness》을 읽고 반공주의자가 됐다. 1964년 대통령 선거에서 공화당 후보 배리 골드워터를 지지하는 과정에서 레이건은 보수주의자들의 아이콘이 됐다. 레이건은 리처드 닉슨 대통령과 헨리 키신저 국무부 장관이 추구했던 해빙 정책

(데탕트)을 못마땅하게 생각했다.

1980년 대통령 선거에서 승리한 레이건은 취임하자마자 군비(軍備)를 대대적으로 확충하고 나섰다. 레이건 1기 행정부에는 강경론자들이 포진해 있었고, 미국과 소련 간에는 긴장이 감돌았다. 대한항공 여객기가 공해(公海) 상공에서 소련 전투기에 격추됐고, 중남미 국가에선 쿠바의 지원을 받는 공산 게릴라가 준동했다. 레이건은 소련을 '악(惡)의 제국'으로 불렀고, 공산주의는 "역사의 잿더미 속으로 사라질 것"이라고 공언했다. 보수주의자들은 레이건의 이 같은 강경 정책 때문에 소련이 무릎을 꿇었다고 본다.

하지만 이런 해석은 절반 정도만 맞다. 1985년을 기점으로 소련 자체가 변했기 때문이다. 소련은 아프가니스탄전쟁 등으로 인해 재정이 피폐해졌고, 경제체제 자체가 심각한 한계에 봉착해 있었다. 그런데도 연로한 소련 지도자들은 미국을 불신했고, 레이건이 소련을 상대로 전쟁을 준비하고 있다고 믿었다. 이런 와중에 레이건은 소련 지도자에게 대화를 제안했지만 아무런 답변을 얻지 못했다. 하지만 구(舊)체제를 유지해 온 브레즈네프, 안드로포프, 체르넨코가 연이어 사망하고 개혁을 내세운 미하일 고르바초프가 새 지도자로 등장하자 상황은 변했다.

인류가 핵전쟁의 공포에서 벗어나야 한다고 생각했던 레이건은 고르바초프와 대화를 할 수 있다고 생각했다. 고르바초프는 동유럽 공산 지도자들에게 소련은 더 이상 그들의 체제를 소련의 군사력으로 보호하지 않겠다고 통보했다. 군비를 축소하지 않고서는 경제개혁을 할 수 없다고 판단했다. 군비 감축에 대해 레이건과 고르바초프가 의견을 같이하게 된 것이다. 1987년 2월, 고르바초프는 중거리 핵미사일을 미국과 소련이 동시에 감축하는 방안을 조건 없이 수용하겠다고 발표했다. 그해 12월 고르바초프는 워싱턴을 방문해서 레이건과 정상회담을 하고 중거리 미사일 감축 협정에 서명했다.

보수 언론은 레이건이 공산주의자들의 실체를 모르고 속고 있다고 비판했다. 보수주의자들은 레이건이 자신들을 배신했다고 비난했다. 하지만 레이건이 진정으로 원했던 바는 '철(鐵)의 장막' 동쪽에 살고 있던 사람들도 자유를 누리는 세상이었다. 1987년 6월, 서베를린을 방문하던 중 레이건은 브란덴부르크 문 앞에서 "고르바초프 서기장, 이 문을 열고 장벽을 허무시오"라고 연설을 했다. 1989년 11월, 베를린 장벽이 무너졌고 독일은 통일됐으며 2년 후에는 소련도 붕괴했다.

대통령직에서 물러난 레이건은 "베를린에서 연설할 때 독일 통일을 예상했었느냐?"고 묻는 기자의 질문에 "공산체제가 언젠가 붕괴할 것으로 믿었지만 그렇게 빨리 무너질 줄은 몰랐다"라고 답했다. 냉전 종식은 레이건과 고르바초프가 함께 만들어 낸 역사적 작품이었음에 우리는 주목해야 한다. 우리가 아무리 평화를 열망해도 북한 정권이 변하지 않으면 진정한 평화가 불가능함을 잘 보여 주기 때문이다.

10   노태우, 김영삼 그리고 박근혜

경향신문
2015년 1월 21일 자 게재

역대 대통령 중 누가 가장 훌륭했나를 묻는 여론조사를 보면 박정희 대통령이 가장 높게 나오고 김대중 대통령과 노무현 대통령이 대체로 2, 3위를 차지하는 것으로 나타난다. 노태우, 김영삼, 이명박 대통령은 순위에 넣을 수도 없을 정도의 낮은 지지도를 보이는 것이 현실이다. 이명박 대통령이야 그렇다고 치더라도 노태우 대통령과 김영삼 대통령이 이렇게 박한 평가를 받는 이유는 비자금 사건과 1997년 외환위기 때문일 것으로 생각된다.

박정희 대통령은 재임 기간이 15년이 넘고, 5·16 후 최고회의 의장 시절을 합치면 무려 19년에 달하기 때문에 다른 대통령과 평면적으로 비교하기는 어렵다. 1987년 민주개헌 후 대통령이 된 경우로 국한해서 평가한다면 이른바 보수 대통령은 성공적인 사람이 없었다는 말이 된다. 박근혜 대통령에 대한 사후평가도 좋지 않을 것이니 그 같은 결론은 불가피하다.

나는 노태우 대통령과 김영삼 대통령에 대해선 좀 더 균형 있는 평가가 필요하다고 생각한다. 두 사람은 각기 자신이 처했던 시대적 상황에서 요구되는 과제를 대체로 잘 해냈고, 또한 임기 5년을 이끌어 가기 위해 가용한 인적 자원을 최대한 동원했으며 국민과의 소통에도 많은 노력을 기울였다고 본다. 다만 앞서 말한 바와 같이 비자금과 외환위기가 두 정권이 이룬 모든 것을 집어삼켜 버렸다고 본다.

노태우 대통령은 민주화와 사회개혁 욕구가 화산처럼 분출하던 시기에 대통령이 됐다. 국회는 3김이 지배하는 여소야대(與小野大)라서 정부의 행동반경은 크지 못했다. 그런 난국을 노 대통령은 인물로 돌파했다. 신망이 높은 강영훈 총리가 있었고, 청와대에는 노재봉, 김종인, 김종휘, 김학준 등 쟁쟁한 학자들이 포진했다. 나중에 총리가 된 이홍구 교수는 통일원 장관으로 한반도 통일에 관한 기본 구상을 완성했다. 5공 청문회, 노사분규, 학생 시위 등으로 편안할 날이 없었던 5년이었지만, 그런 와중에도 북방외교를 트고 변화하는 대외통상 환경에 대응해서 경제 체질을 강화하는 데 성공했다.

김영삼 대통령은 국민을 아는 정치인이었고, 그렇기에 정치인을 정부와 청와대에 대거 기용했다. 첫 비서실장으로는 나중에 국회의장을 지내는 박관용 의원을 발탁했고, 차세대 유망주이던 손학규 의원과 이인제 의원을 장관으로 기용했다. 청와대는 서울대 교수 출신인 박세일, 이각범 등이 수석비서관으로 개혁 과제를 추진했다. 김 대통령은 하나회 해체, 금융실명제 실시, 불법 정치자금 관행 근절 등 자신이 생각하던 개혁을 밀고 나갔다.

　김영삼 대통령은 민심을 존중하는 정치인이었지만 청와대에 들어간 후에는 소통이 쉽지만은 않았다. 그래도 당시 여당의 사무총장이던 강삼재 의원은 수시로 청와대로 가서 대통령에게 쓴소리를 했다는데, 김 대통령은 "네가 대통령인 나한테 이렇게 말할 수 있나?" 하는 표정이었다고 한다. 그리고 며칠 후에는 강삼재 총장이 전한 민심이 그대로 대통령의 발언과 청와대의 조치로 나타났다고 전해진다.

　차남 김현철 씨 문제가 불거졌을 때도 김영삼 대통령은 윤여준 공보수석 등 참모들의 진언을 받아들여 사과 기자회견을 했다. 하지만 당시 청와대 경제 참모 중에는 쓴소리를 할 만한 사람이 없었다. 1996년 하반기부터 나빠지기 시작한 경제 상황에 대해 경제 참모들은 대통령에게 진솔한 보고를 하지 않았고, 결국 한보건설 사태와 기아자동차 사태를 거쳐 외환위기를 맞고 말았다.

　박근혜 대통령은 이 같은 노태우 정권과 김영삼 정권의 성공과 실패에서 많은 교훈을 얻었어야 했다. 두 대통령이 인력풀을 최대한 동원했음에도 불구하고 임기 5년을 이끌어 가기가 쉽지 않았음에 주목했어야 했다. 무엇보다 박 대통령이 그 시절에 대해 잘 이해하는지도 의문이다. 1988년에서 1997년에 이르는 보수 정권 10년 동안 박 대통령은 칩거 중이었기 때문에 그 당시에 대해 감각이 부족할 수도 있다. 하지만 그러한 부분은 다른 사람들의 도움으로 충분히 채울 수 있었다. 그 시절 정권과 부침을 같이했던 남재희 전 장관, 김종인 전 수석, 윤여준 전 장관은 물론이고 박 대통령을 지지했던 원로 그룹으로부터 지혜를 빌려 올 수 있었기 때문이다.

하지만 박 대통령은 역사에서 배우기를 거부했다. 지금 박 대통령을 둘러싸고 있는 사람들은 '문고리 3인방'과 '십상시(十常侍)'라고 불리는 비서관과 행정관들이다. 국회의원 비서관을 지내면서 그렇고 그런 권력투쟁이나 보아 왔던 이들이 별안간 대통령을 보좌하고 있는 셈인데, 김무성 대표 수첩 사건으로 이들의 민낯이 만천하에 공개되고 말았다. 대통령이 장관과 수석비서를 만나지도 않으니 이들 비서관과 행정관들이 '국정 놀이'라는 철없는 장난을 하고 있는 것이다.

11 '좋아하지 않는 대통령'을 위한 변명

매일신문
2015년 3월 20일 자 게재

한국갤럽이 2014년, 13세 이상 한국인 1천700명에게 가장 좋아하는 역대 대통령을 물은 결과를 발표했는데, 노무현(32%), 박정희(28%), 김대중(16%), 박근혜(5%), 이명박(3%), 전두환(1.9%), 김영삼(1.6%), 노태우(0.8%), 이승만(0.8%) 순으로 나타났다고 한다. 2004년 조사에서는 박정희(48%), 김대중(14%), 노무현(7%) 순서였다.

갤럽 조사는 많은 것을 시사하고 있다. 2004년은 김대중-노무현 정권으로 이어지던 진보 정권 2기였기에 진보에 대한 피로감이 박정희 대통령에 대한 우호도 결집으로 나타났을 것이다. 2014년은 이명박-박근혜로 이어진 보수 정권 2기였기에 이에 대한 피로감 때문에 노무현, 박정희, 김대중 순서로 나타난 것으로 보인다. 어느 경우든 건국 대통령인 이승만 대통령은 최하위에 머물렀고, 노태우 대통령과 김영삼 대통령도 비슷한 처지에 있다. 이승만 대통령은 장기집권 끝에 4·19혁명으로 권좌에서 쫓겨나는 수난을 당했으니 그런 평가를 받는 것이다. 노태우 대통령은 비자금 때문에, 그리고 김영삼 대통령은 외환위기 때문에 이렇게 박한 평가를 받는 것이다.

이 조사는 일반인을 상대로 한 '좋아하는 대통령'에 관한 설문 조사 결과다. 만일 전문가를 대상으로 '훌륭한 대통령'을 물어보는 조사였다면 결과는 사뭇 다를 수 있다. 전문가들은 훌륭한 대통령으로 건국과 6·25라는 힘든 과정을 극복한 이승만 대통령을 상위권에 지명했을 것으로 생각한다. 미국에서는 역사학자를 상대로 역대 대통령 중에서 훌륭한 대통령을 물어보는 조사가 신빙성을 얻고 있다. 미국의 역사학자들은 조지 워싱턴, 토머스 제퍼슨, 에이브러햄 링컨, 시어도어 루스벨트, 프랭클린 루스벨트, 해리 트루먼, 그리고 로널드 레이건을 훌륭한 대통령으로 뽑는다.

우리나라의 경우 이승만 대통령과 박정희 대통령은 재임 기간이 길었다는 점에서, 그리고 전두환 대통령은 대단히 압제적이었을뿐더러 집권 자체가 불법이라는 평가가 있어 다른 대통령과 수평적으로 비교하는 것 자체가 무리다. 그렇다면 1987년 개헌 후의 대통령만을 상대로 설문 조사를 하는 것이 공평할 것이다. 일반인을 상대로 '좋아하는 대통령'을 묻는 조사와 전문가들을 상대로 '훌륭한 대통령'을 묻는 조사를 병행하면 보다 객관적인 결과가 나올 것이다.

1987년 이후 대통령을 상대로 이 같은 설문 조사를 한다면 적어도 전문가 집단은 노태우 대통령과 김영삼 대통령에 대해 보다 우호적인 평가를 할 것으로 생각된다. 민주주의 확립에 평생을 바친 김영삼 대통령은 하나회 척결, 금융실명제와 지방자치 실시, 12·12 및 5·18 청산 등 혁혁한 업적을 남겼다. 하지만 임기 말에 터진 외환위기는 모든 것을 삼켜 버리고 말았다. 노태우 대통령의 경우는 심지어 아무것도 한 것이 없고 비자금이나 챙겼다는 비난을 듣고 있는데, 사실 대통령이 막대한 비자금이나 챙겼다면 더 이상 평가고 뭐고 할 것도 없다.

여기서 노태우 대통령 시절에 대해 몇 마디 덧붙이고자 한다. 무엇보다 '대통령 노태우'와 '노태우 정권'은 구분해서 평가해야 한다고 나는 생각한다. 돌이켜보면 노태우 정부 5년간 우리나라는 정치적, 경제적, 사회적으로 큰 변화를 겪었다. 민주주의와 시민참여에 대한 욕구가 폭발했던 시절이었는데, 안정을 추구하면서도 시대적 변화에 부응했다는 평가를 들을 만하다. 집값 폭등에 대처하기 위해 곳곳에 신도시를 건설했고, 고속도로와 지하철을 확충했으며 고속전철과 신공항 건설을 기획했다. 소련 등 구(舊)공산권 국가들을 상대로 북방외교를 추진했고, 무역자유화 흐름에 부응해서 1990년대 세계화 시대에 준비했다. 국제수지와 국가재정에서 흑자 기조를 유지해서 김영삼 정부에 인계했다. 당시 우리 국민의 70%는 자신을 중산층이라고 생각할 정도로 소득 분포가 양호했다.

그 시기에도 의문사 사건이 생기는 등 인권 보호에선 문제가 있었지만, 노태우 정권이 이런 업적을 낼 수 있었던 데에는 당시의 정치적 환경도 역할을 했다. 노태우 정권 전반부는 여소야대(與小野大) 정국이었고, 후반부는 차기 대권 주자인 김영삼이 여당 대표로 버티고 있었기 때문에 청와대는 국정을 독선적으로 끌고 갈 수 없었다. 당시에는 잘 훈련되고 사명감이 충만한 관료제가 기능하고 있었으며, 청와대에는 노재봉, 김학준, 김종휘, 김종인 등 이름 석 자로 알 만한 지식인들이 대거 참여해서 힘을 보탰다. 대통령의 취약한 리더십이 오히려 긍정적으로 기능한 셈이다.

노태우 대통령이 저지른 큰 실책 중의 하나는 청와대 신축이다. 청와대 건물을 너무 권위적으로 만들었을 뿐만 아니라 대통령 집무 공간과 비서실을 멀리 떨어뜨려 오늘날의 불통을 구조화시켜 놓았기 때문이다.

12   닉슨, 레이건 그리고 박근혜

매일신문
2015년 6월 26일 자 게재

한국갤럽의 최근 조사에 의하면 박근혜 대통령의 지지도가 또다시 29%로 하락했다. 저조한 지지도도 문제이지만 부정 평가가 60%에 달해서 긍정 평가의 두 배에 이른다. 집권 3년 차 대통령 지지도가 이렇게 하락하다 보니 박근혜 정부는 이미 실패했다는 다소 성급한 진단마저 나오고 있다.

　미국에선 대통령의 실패와 성공을 리처드 닉슨과 로널드 레이건을 비교해 설명하곤 한다. 1960년 대선에서 존 F. 케네디에게 근소한 차이로 패배한 닉슨은 1962년 캘리포니아 주지사 선거에서도 고배를 마시는 수모를 당했다. 하지만 닉슨은 재기(再起)에 성공했다. 1968년 대선에 공화당 후보로 선출되어 당선된 것이다. 닉슨은 '준비된 대통령'이었다. 베이징을 방문해서 중국과 화해에 나섰고, 북베트남과 평화협정을 체결하고 미군을 베트남에서 철수시켰으며, 달러화 금태환(金兌換)을 정지시켜 새로운 국제통화 질서를 만들었다.

하지만 닉슨은 막연한 피해의식을 지니고 있었다. 닉슨은 언론과 사이가 나빴으며 야당이면서 의회 다수당인 민주당을 적대시했다. 세상이 자신을 공격하고 있다고 생각한 닉슨은 집무실에 녹음장치를 설치해서 모든 대화를 녹음하도록 했다. 워터게이트 사건이 일어나자 법원은 백악관에 녹음테이프를 제출하라고 명령했고, 녹음 내용이 밝혀지자 의회는 탄핵 절차를 진행했고 결국 닉슨은 대통령직을 사퇴하고 말았다.

할리우드 배우 출신으로 캘리포니아 주지사를 지낸 로널드 레이건은 1980년 대선에서 현직 대통령인 지미 카터를 압도적 표차로 누르고 당선됐다. 1980년대를 '보수의 시대'로 이끈 레이건은 미국의 자존심을 다시 회복하고 미하일 고르바초프를 상대로 군축협상을 성공시켜서 동유럽 공산체제가 몰락하는 계기를 만들었다.

레이건 리더십의 요체는 위임과 소통이었다. 레이건은 '위대한 위임자'이며 '소통의 달인(達人)'이라고 불렸다. 레이건은 장관들이 스스로 알아서 소관 업무를 처리하도록 했고, 부처 간 협의가 필요하거나 중요한 안보 외교 사안이 있을 때는 백악관에서 몇 시간이고 장관 및 참모들과 함께 난상토론을 벌였다. 회의가 길어지고 참석자들의 목소리가 높아지면 레이건은 손수 젤리 빈을 나누어 주면서 흥분을 가라앉히도록 했다. 레이건은 조지 H. W. 부시 부통령과 매주 한 번씩 점심을 같이하면서 국정 현안에 관한 의견을 나누었다.

레이건은 기자회견과 연설의 중요성을 잘 알았고 또 이를 잘 활용했다. 일흔이 넘은 나이이지만 레이건은 수시로 기자회견을 열었고, 노련

한 백악관 출입 기자들의 질문에 유머와 위트를 섞은 답변으로 응수했다. 레이건은 노르망디 상륙작전 40주년 연설, 스페이스 셔틀 챌린저 폭발 후 가진 TV 연설, 베를린 브란덴부르크 문 앞에서 한 연설 등 역사에 남을 연설문을 많이 남겼다. 레이건 임기 중 의회는 민주당이 다수 석을 차지하고 있었는데, 레이건은 민주당 지도자인 토머스 오닐 하원의장에게 수시로 전화를 걸어 법안 통과를 부탁하곤 했다.

닉슨과 레이건의 경우를 장황하게 드는 이유는 박근혜 대통령의 모습에서 '닉슨의 망령(亡靈)'이 어른거리기 때문이다. 박 대통령은 야당 지도부와 소통하기는커녕 여당 지도부와도 소통이 없음이 미국 방문 취소와 국회법 개정안 문제로 만천하에 알려졌다. 대통령은 수석비서관들과도 공식회의 때 만나는 것이 전부일 것이고, 장관들의 대면보고는 아예 없는 일이 돼버린 듯하다. 권한위임도 없고 소통도 없다 보니 장관과 참모들은 대통령 지시가 없이는 아무 일도 못 하는 구조가 돼버렸다. 기자회견과 언론접촉을 피하고 있는 현상도 큰 문제다.

레이건 대통령의 백악관에는 '트로이카'라고 불리는 유능한 참모진이 있었고, 레이건은 이들과 격의 없이 의견을 나누었다. 워터게이트 사건으로 닉슨 대통령의 리더십이 땅에 떨어져 있을 때 헨리 키신저 국무부 장관, 제임스 슐레진저 국방부 장관 등 비중 있는 각료들이 미국과 세계를 지켰다. 대통령의 리더십이 흔들리는 상황에서 믿을 만한 각료도 없다면 그 나라는 심각한 위험에 처해 있는 것인데, 바로 오늘날 우리의 모습이 아닐까.

13   김영삼 전 대통령의 빈자리

매일신문
2015년 11월 27일 자 게재

지난 일요일 서거한 김영삼 전 대통령에 대한 추모 열기가 보통이 아니다. 특히 김 전 대통령이 마지막으로 남긴 부탁이 '통합과 화합'임이 알려져 당파와 계파로 나누어져서 대립과 갈등의 나날을 보내고 있는 우리 정치권을 돌아보게 하고 있다. 더 나아가서 이제는 김 전 대통령을 재평가해야 한다는 이야기가 나오고 있는데, 최근 몇 년간 이루어진 전직 대통령 평가에 있어서 김 전 대통령은 항상 하위권에 머물렀기 때문에 이런 움직임은 의미가 깊다.

권위주의 정부의 장기 독재에 종지부를 찍고 이 땅에 민주주의를 꽃피게 하는 데 결정적 역할을 한 김영삼 대통령에 대한 평가가 낮은 데는 여러 가지 이유가 있겠지만, 그중에서 가장 큰 것은 역시 임기 말에 있었던 외환위기 때문이다. 1993년에 화려하게 등장했던 '문민 대통령'은 임기 말에 발생한 치욕적인 경제위기로 인해 쓸쓸하게 퇴임해야 했으니, 그 같은 평가를 받아도 할 말이 없을 것이다. 하지만 그렇다고

해서 김 전 대통령의 다른 업적마저 평가 절하되는 현상은 분명히 잘
못된 것이라 하겠다.

김영삼 대통령이 유독 퇴임 후에 낮은 평가를 받는 이유는 우리 사
회의 양극화 현상과 관련이 있다. 우리 사회가 이념과 지역으로 양극화
되다 보니 영남과 보수는 이승만과 박정희, 호남과 진보는 김대중과 노
무현을 각각 자신들이 좋아하고 지지하는 대통령으로 뽑기 마련이고,
그러다 보니 김 전 대통령의 입지가 상대적으로 좁아진 것이다.

김영삼 대통령에 대한 진보 세력의 평가는 매우 부정적이다. 3당 합
당을 통해서 집권함으로써 친일과 부패로 연결되어 온 기득권 세력을
청산할 기회를 봉쇄해서 개혁 대상인 구(舊)체제를 공고화시켰으며, 이
러한 과정에서 영호남 대립 구도를 고착시켰다는 것이다. 이 같은 비판
은 편향되고 과장된 것이지만 그럼에도 완전히 무시할 수는 없다. 특히
1990년 3당 합당이 가져온 한국 정치의 지형 변화에 대해선 앞으로도
많은 평가가 있어야 할 것이다.

1990년대 세계화 추세에 치밀한 준비도 없이 나서다가 1997년에
흔히 'IMF 사태'라고 불리는 경제위기를 초래해서 국가적 재앙을 불러
왔다는 비판은 김 대통령에게는 가장 뼈아픈 것이다. 외환위기로 인해
우리 국민이 받은 상처와 그 극복 과정에서 나타난 사회 양극화 현상
에 대해선 김영삼 대통령으로서도 할 말이 없을 것이다. 김영삼 대통령
은 경제 정책에 대해선 몇몇 참모와 각료들에게 지나치게 의존했고, 이
들이 대통령에게 정직한 보고를 하지 않아서 상황이 그런 지경으로 흘
러간 것이다. 김영삼 대통령 자신으로서도 후회스럽기 이를 데 없는 일

이었음이 틀림없다.

우리나라의 보수 세력이 김영삼 대통령을 저평가해 왔다는 사실도
중요하다. 노무현 정권 들어서 시작된 새로운 보수 운동인 '뉴라이트'
는 이승만, 박정희 두 전직 대통령의 명예 회복을 도모하는 데 주안점
을 두었기 때문에 이런 현상이 나타났다. 일부 극단적인 보수 논객은
김영삼 대통령이 '진보 좌파 시대'의 문을 열었다고 비난하기도 했다.
하지만 민주화 투쟁을 통해 대통령 직선제 개헌을 이룩하고, 군(軍)의
정치개입을 원천적으로 차단해서 차후의 정권 교체를 가능케 했으며,
금융실명제를 실시하는 등 역사에 남을 업적을 남긴 김영삼 대통령을
이런 식으로 폄훼해서는 안 된다. 김영삼 대통령을 이렇게 깎아내리는
집단은 '보수'라기보다는 '극우'라고 보아야 한다.

무엇보다 김영삼 대통령은 분열을 조장하는 방식으로 국정을 운영
하지 않았으며, 참모들의 의견을 경청하는 민주적 리더십을 갖추었던
지도자였다. 김영삼 대통령은 퇴임 후 오늘날에 이르기까지 18년 세월
을 보냈고, 그동안 김대중 대통령에서 박근혜 대통령까지 정권이 네 번
이나 바뀌었지만 정치에 영향을 미치는 부적절한 언동을 하지 않았다.
자신이 정당하게 평가받지 못하고 있음을 알았음에도 전혀 내색하지
않았으며, 전직 대통령이란 직위를 남용해서 외유를 즐기거나 하는 일
도 없었으니 매우 소탈한 은퇴 생활을 한 셈이다. 대통령의 불통과 잦
은 외유에 대해 국민이 눈살을 찌푸리는 이 시대에 김영삼 대통령의
빈자리가 던지는 메시지는 결코 단순한 것이 아니다.

14   '제왕적 대통령'을 견제하기 위해선

매일신문
2015년 12월 11일 자 게재

해외 순방을 마치고 돌아온 박근혜 대통령이 새누리당 김무성 대표와 원유철 원내대표를 청와대로 불러서 노동개혁 법안 등 쟁점 법안들을 연내에 반드시 통과시키라고 명령조로 지시했다. 국무회의에서도 박 대통령은 국회가 기득권에 빠져 있다면서 법안 처리에 협조하지 않는 야당을 신랄하게 비난했다. 대통령이 자신의 정책에 동조하지 않는 야당을 비판할 수는 있지만, 야당을 이렇게 일방적으로 몰아붙이는 경우는 별로 보지 못했던 일이다. 국정을 원만하게 이끌기 위해선 대통령과 의회가 소통하고 협력해야 함은 누구나 알고 있는 상식인데, 그런 상식이 아예 사라진 것 같아 씁쓸하다.

국회의원 생활을 오래 하고 한때는 야당 대표를 지낸 박 대통령이 여당 대표와 원내대표를 부하 다루듯이 하고 야당을 적대시하는 대통령이 될 줄로 예상한 사람은 별로 없었다. 새누리당이 일방적으로 법안을 통과시키지 못하는 것은 국회선진화법 때문인데, 국회선진화법을 입안해서 통과시킨 장본인이 박 대통령임을 생각하면 그 같은 '변신'은 더욱 이해가 되지 않는다. 그러다 보니 민심을 존중하는 것은 대통령에 당선되기 전까지이고, 일단 대통령이 되고 나면 임기 동안은 '제왕(帝王)'이 되고 만다는 '제왕적 대통령' 이론이 설득력을 얻게 된다.

대통령제를 오랫동안 운영해 온 미국에선 '견제와 균형'이란 권력 분립 원칙이 기능하기 때문에 대통령이 제왕처럼 군림할 가능성은 희박하다. 대통령을 의미하는 'president'라는 단어가 '주재하는 사람(presider)'에서 유래했듯이 초창기 미국에서 대통령은 국정을 주재하는 사람을 의미했다. 대통령의 권한이 갈수록 커짐에 따라 단순히 국정을 주재하는 것을 넘어서 국정을 적극적으로 이끄는 지도자로 그 역할이 변해 왔다. 오늘날 초강대국 미국의 대통령은 막강한 권한을 갖고 있지만, 동시에 의회와 사법부의 견제와 통제를 받으며 여론의 부단한 감시를 받고 있으니 이것이 바로 민주주의이고 입헌주의인 것이다.

그런 미국에서도 대통령이 제왕과 같은 권한을 행사한다는 비판이 일었는데, 주로 전쟁 및 군사행동과 관련해서였다. 존 F. 케네디 대통령 시절에 대통령 특별보좌관을 지낸 역사학자 아서 슐레진저 2세는 1973년에 펴낸 《제왕적 대통령 The Imperial Presidency》이란 책에서 대통령의 전쟁 권한이 의회의 통제를 벗어나서 행사되고 있으며, 이로 인해 헌법 원칙이 심각하게 저해되고 있음을 경고했다. 그는 케네디 정부의 백악관에서 쿠바 미사일 위기를 겪으면서 미국 대통령의 독자적인 결정에 따라 세계가 전쟁과 평화의 갈림길에 서는 무서운 현실을 직접 경험했다. 그러면서 대통령이 독자적으로 행사해 온 군사 행동권이 민주주의를 위협한다고 보고 이에 대한 의회의 통제가 필요하다고 주장했다. 베트남에 대한 미국의 군사적 개입이 실패로 귀결된 데 대한 반성이 이런 주장에 힘을 실어 주었고, 의회는 대통령의 독자적인 군사 행동을 제한하는 '전쟁권 결의'를 통과시켰다.

'전쟁권 결의'는 대통령의 전속적 권한으로 여겨졌던 군사 행동권도 의회의 통제를 받도록 했다는 데 의미가 있다. 외교권과 군사 행동권을 제외한 일반적 국정에서는 입법권을 갖는 의회가 대통령에 우선하는 권한을 갖고 있음은 물론이다. 따라서 미국 대통령은 자신이 원하는 정책을 입법을 통해 시행하기 위해선 의회 지도자뿐 아니라 일반 의원들과도 부단하게 대화하고 의논을 해야 한다. 특히 의회의 다수당이 대통령이 속한 정당과 다를 경우에는 대통령은 야당 지도자들과 긴밀한 협의를 해야만 하는 것이다.

우리나라에선 이명박 정권 말기부터 '제왕적 대통령'이란 말이 회자되기 시작했다. 이명박 정권의 실세였던 이재오 의원은 현행 헌법이 대통령에게 너무 많은 권한을 주고 있어서 대통령이 제왕처럼 행세한다면서 분권형 대통령제로의 개헌을 주장했다. 하지만 분권형 대통령제는 실패한 정부 형태로 뽑히는 이원적 집정부제와 다를 바가 없어 이 문제에 대한 답이 되기는 어렵다. 그렇다면 실현 가능성도 희박한 개헌보다는 실제 운영에서 답을 찾아야 하는데, 제왕처럼 행세하는 대통령에 대해선 선거를 통해 유권자들이 의사를 확실히 표명하는 것 외에는 별다른 방법이 없다.

15 대통령이란 '최고 권위'

매일신문
2016년 1월 25일 자 게재

1896년 미국 대통령 선거에서 재벌들은 공화당 후보 윌리엄 매킨리를 전폭적으로 지지했고, 이에 힘입어 매킨리는 민주당 후보였던 급진 사회주의자 윌리엄 브라이언을 상대로 승리할 수 있었다. 1900년 대선에서 매킨리는 공화당 내 개혁주의자였던 시어도어 루스벨트를 부통령 후보로 지명해서 재선에 성공했는데, 공화당 실세들은 재벌규제를 주장하는 루스벨트를 권한이 없는 부통령에 임명해서 입을 막아 버릴 생각이었다. 그런데 매킨리가 두 번째 임기 초에 암살되자 루스벨트가 대통령이 되고 말았다. 재벌의 폐단을 잘 알고 있었던 루스벨트는 취임하자마자 모건, 록펠러 등을 상대로 독점금지 소송을 제기해서 국민의 지지를 얻었다.

루스벨트는 대통령이란 지위 자체가 아젠다를 만들 수 있음을 알았다. 그는 대통령이란 지위를 '불리 풀핏(Bully Pulpit)'이라고 표현했다. '불리'는 강력하다는 의미이고, '풀핏'은 신부나 목사가 설교하는 강단을 뜻하는데, 대통령은 자신의 지위를 이용해서 아젠다를 설정하고 전파해서 국가를 움직일 수 있다는 의미다. 루스벨트는 언론의 영향력도 잘 알았다. 비가 많이 오는 날 기자들이 백악관 밖에 기다리는 모습을 본 루스벨트는 그들을 백악관 내실로 들어오도록 해서 백악관의 모습을 생생하게 전하게 했는데, 이를 계기로 백악관 출입기자단이 만들어졌다.

대통령 취임 후 얼마 되지 않아 루스벨트는 흑인 교육자이자 시민운동가인 부커 워싱턴을 백악관으로 초대해서 만찬을 같이했다. 대통령이 흑인과 백악관에서 만찬을 같이했다는 뉴스는 전국을 강타했고, 백악관에는 대통령을 비난하는 백인들의 우편물이 쇄도했다. 하지만 루스벨트는 이에 굴하지 않았다. 흑인 차별을 철폐해 나갈 것임을 확실하게 천명한 셈이었다. 루스벨트는 캘리포니아의 요세미티국립공원을 자연 운동가 존 뮤어와 함께 여행했는데, 국립공원을 자연 그대로 보전하는 것이 대통령의 의지임을 강력하게 표현한 것이다.

동서냉전이 막바지에 달했던 1980년대에 대통령을 지낸 로널드 레이건도 대통령의 그 같은 지위를 십분 이용했다. 레이건은 연설을 통해서 자신의 생각과 철학을 미국민은 물론이고 전 세계에 전달하는 데 성공했다. 스페이스 셔틀 챌린저호가 공중에서 폭발한 날 저녁에 TV를 통해 한 연설은 상처받고 슬픔에 잠긴 미국인들을 위로하고 단합시켰다. 1987년에는 베를린 브란덴부르크 문 앞에서 "고르바초프 서기장, 이 문을 열고 장벽을 허무시오"로 끝나는 유명한 연설을 했는데, 마치

2년 후에 있을 독일 통일을 내다본 듯했다.

1982년 5월 어느 날 레이건은 집무실에서 신문을 보고 있었는데, 백악관에서 멀지 않은 메릴랜드대학 근처에 살고 있던 흑인 가정이 주변으로부터 괴롭힘을 당하고 있다는 기사를 읽었다. 이들이 백인 주민들로부터 괴롭힘을 당하고 심지어 앞마당에서 십자가가 불타는 일마저 일어난 것이다. 레이건은 그날 오후 일정을 취소하고 부인 낸시 여사와 함께 이 흑인 가정을 찾아가서 가족들과 담소를 했다. 대통령의 리무진 행렬이 목격되자 자연히 사람들이 모여들었고, 이 사실은 언론에 보도가 됐다. 이 흑인 가정은 그 후 어떤 괴롭힘도 당하지 않았으며, 레이건은 인종차별이 결코 허용될 수 없음을 분명히 한 것이다. 대통령이 향유하는 '최고 권위'를 좋은 방향으로 사용한 대표적인 경우였다.

박근혜 대통령이 경제단체가 벌이는 '민생 구하기 입법 촉구 1000만 인 서명운동'에 서명을 하자 많은 신문이 이를 비판하는 사설을 내보냈다. 대통령이 아무리 답답하기로서니 경제단체가 벌이는 가두 서명운동에 이름을 올릴 수 있냐는 것이 비판의 골자였다. 그럼에도 대통령이 앞장서서 서명했으니 너도나도 서명에 나서는 모습이다. 루스벨트와 레이건은 열등한 지위에 있는 흑인을 위해 대통령의 권위를 이용한 데 비해 박 대통령은 자신들의 목소리를 얼마든지 낼 수 있는 경제계를 위해 대통령의 권위를 동원한 셈이니 대통령도 대통령 나름이다.

1   박근혜 정부, 어디에 서 있나

경향신문
2014년 1월 1일 자 게재

박근혜 정부가 들어선 지 1년이 되어 간다. 이명박 정부 5년이 지긋지긋했던 사람들은 누가 해도 그보다는 나을 것이라는 기대를 했을 것이다. 2012년 한 해 동안 박근혜 대통령을 도와서 총선과 대선을 치른 필자가 가졌던 기대는 그것 이상이었다. 나는 박 대통령이 노무현·이명박 정권 10년 동안 극심했던 우리 사회의 갈등을 치유하면서 이 시대에 필요한 개혁을 할 것으로 기대했다.

박 대통령을 지지하지 않은 사람들도 박근혜 정부는 적어도 독선적이지는 않을 것이라고 생각했을 것이다. 지난 몇 년 동안 '소통'과 '대화'라는 시리즈를 통해 우리 사회의 고질적인 진영논리와 불통을 치유해 보려 했던 경향신문도 그런 기대를 했을 것이다. 2011년 11월, 박 대통령은 김호기 교수와 필자가 진행한 '대화' 시리즈에 마지막으로 등장했는데, 그때 이런 말을 했다. "정치를 너무 보수와 진보의 틀에서 이야기하는 것은 조금 아니지 않나 싶습니다." 매사를 진영논리로 풀어가는 우리 정치를 비판한 것으로 이해되는 대목이었다.

2012년 총선과 대선 과정에서 박 대통령은 '국민 대통합', '경제민주화·복지·일자리', '투명하고 깨끗한 정부'를 국민과의 약속으로 내세웠다. 새누리당은 "보수가 바뀌면 나라가 바뀝니다"라는 플래카드를 내걸었다. 과거 한나라당에서 찾아볼 수 없었던 변신을 했고, 그 덕분에 총선과 대선에서 승리했다.

하지만 박 대통령에 대한 기대는 인수위원회 시절부터 무너지기 시작했다. 대변인 임명부터 꼬이기 시작한 인사 난맥상이 새 정권의 발목을 잡았다. 그 후 한 해가 어떻게 흘러갔는가는 우리가 너무 잘 알고 있다. 지난 1년 동안 박 대통령은 거의 침묵으로 일관했다. 그 대신 새누리당 원내대표단은 갈등과 분열을 확산하는 진영논리 메시지를 내보내는 데 몰두했다. 매사에 '종북' 운운하는 몇몇 의원들과 '불통'을 자랑하는 청와대 홍보수석이 좋은 이미지를 줬을 리가 없다. 문제는 이런 메시지의 배후가 박 대통령이라고 많은 사람이 생각한다는 데 있다.

집권 2년 차에 들어선 박근혜 대통령의 리더십은 도마 위에 올라 있다. 임기 초 박 대통령은 개성공단 폐쇄 사태 등 사건·사고를 잘 처리해 40%대로 주저앉았던 지지율이 한때 60%대로 오르기도 했다. 하지만 박 대통령이 그렇게 내세웠던 '대통합', '경제민주화', '정치쇄신'이 집권 1년 차를 지내면서 사라져 버렸다. 국정원 대선개입 의혹은 괴물처럼 커져서 정권의 정당성에도 흠집을 내고 있었지만, 그것을 털어 내지 못하고 있다.

어느 언론인은 "대통령이 대선 전(前)과 후(後)에 다른 사람 같다"고 나에게 말하기도 했다. 어떤 이는 "무슨 조짐 같은 것을 느끼지 못했냐"고 물었다. 솔직히 말해, 대선 기간에도 "이러면 안 되는데…" 하는 기분이 든 적이 몇 차례 있었다. 그래도 2008년 총선 때 친이계에게 배신당한 후 "나도 속고, 국민도 속았다"고 일갈(一喝)했던 박 대통령이지 않은가, 하고 기대를 걸었다. 박 대통령의 '신뢰'를 신뢰했던 것이다. 그리고 임기 첫해가 덧없이 흘러갔다.

집권 1년 차를 별반 소득 없이 보낸 가운데 우리나라는 거대한 '부채 공화국'이 되고 말았다. 하버드대학교 니얼 퍼거슨 교수는 공공 부채와 개인 부채를 합친 총부채가 국내총생산(GDP)의 250%에 달하는 국가엔 '거대한 쇠퇴'만이 기다리고 있다고 했는데, 지금 우리나라가 그런 형상이다. 막대한 공공 부채의 과반이 공기업 부채이고, 그것의 절반이 이명박 정권 시절에 생긴 것이다. 이런 정권을 인수하고도 전 정권을 사정(司正)하지 않는 정부는 무능하거나 무지하다고밖에 할 수 없다.

그러던 중 박근혜 정부는 갑자기 코레일을 개혁하겠다고 나섰다. 그런데 그 방법이 생뚱맞은 수서발 KTX 자회사다. 그리고 노사 간, 여야 간, 그리고 정부와 비판세력 간에 갈등이 폭발했다. 정부는 수서발(發) KTX 자회사가 공공 부채 감축과 공기업 개혁의 첫 단추라고 주장한다. 하지만 겨우 수서에서 평택까지 철로를 새로 놓는 수서발 KTX를 자회사로 만들면 경쟁이 생겨서 철도 사업이 정상화된다는 논리는 듣기에도 민망하다. 철도가 철도와 경쟁한다는 논리 자체가 거짓말이고,

코레일의 부채 14조 원 중 10조 원은 정책 실패로 인한 부채이기 때문이다.

사상 최장의 철도파업에 대처하는 총리, 부총리, 그리고 관계 장관들의 모습은 만화의 한 장면이었다. 평소 소신을 손바닥 뒤집듯 번복한 최연혜 코레일 사장의 경우도 마찬가지다. 김무성 의원이 막후에서 파업을 풀어냈으니, 무턱대고 강경한 발언을 쏟아낸 이들은 더욱 우습게 됐다. 공기업 개혁을 시작하기도 전에 정부의 논리와 능력에 대한 '신뢰'가 흔들린 셈이다. 어떤 개혁이든 개혁은 어렵다. 국민의 '신뢰'를 상실한 정부가 개혁하기는 더더욱 어렵다. 집권 2년 차에 접어든 박근혜 정부는 대통령의 브랜드인 '신뢰'부터 회복해야 할 것 같다.

2   레임덕의 길, 개혁의 길

경향신문
2014년 4월 2일 자 게재

박근혜 정부 5년 임기의 3분의 1이 지나가고 있다. 돌이켜 보면 여권에는 악재가 끊이지 않았다. 국정원 등 국가기관이 지난 대선에 개입했음이 밝혀졌고, 국정원이 간첩 사건에서 증거를 조작했음이 드러났다. 증거조작은 현 정권 들어 생긴 일이니 변명할 여지가 없다. 이 정도 사안이면 정권을 흔들기에 충분하겠지만 박 대통령의 지지도는 60% 선을 유지하고 있다. 대통령이 향유하고 있는 개인적 지지도가 탄탄한 데다가 야권이 지리멸렬하기 때문이다.

하지만 여권에 유리한 지형이 언제까지 지속할지는 의문이다. 6월 지방선거가 끝나면 미니 총선 같은 7월 재·보선이 이어질 것이다. 지방선거에선 새누리당이 승리하겠지만, 야당이 기초단체 공천을 하지 않는 상황에서 얻어낸 승리는 독(毒)이 될 수 있다. 여당은 공천하고 야당은 공천하지 않는 불공정한 게임에서 여당이 대승을 거둔다면 그 결과에 대해 견제심리가 작동할 것이다. 7월 재·보선에서 그런 심리가 나타나면 새누리당은 원내 과반수 의석을 상실할 수도 있다.

6월 지방선거에서의 승리가 박근혜 정부의 승리가 되지도 않을 것이다. 정몽준 의원이 경선에서 승리하고 서울시장에 당선된다고 하더라도 그것은 정 의원 개인의 승리일 뿐이다. 정 의원은 4·11 총선 때 새누리당 열세 지역구에서 혼자 힘으로 당선되는 저력을 과시했지만, 그는 원래 박 대통령과 거리가 있다. 재선에 나서는 홍준표 경남지사와 경기지사 선거에 나서는 남경필 의원도 박 대통령과 거리를 두고 있는 인물이다. 유정복 의원이 인천시장에 당선된다면 그는 유일한 친박 출신 광역단체장이 될 것으로 전망된다.

지방선거 후 열리게 될 새누리당 전당대회에선 서청원 의원과 김무성 의원이 당 대표로 나선다는데, 누가 대표가 되어도 지금의 지도부 같지는 않을 것이다. 7월 재·보선에선 김문수 경기지사, 임태희 전 대통령실장, 오세훈 전 서울시장, 나경원 전 의원 등 이명박 정부의 간판 인물들이 대거 출마한다고 한다. 하지만 이들 역시 박 대통령과 같이 가기가 어려운 사람들이다. 반면 '친박 핵심'으로 불리는 인물들로 구성된 새누리당 지도부는 지난 한 해 동안 국정원을 감싸다가 함께 좌초한 형상이다.

김황식 전 총리가 새누리당 서울시장 후보 경선에 나서고 박 대통령의 측근이었던 이성헌 전 의원이 선대본부장을 맡은 것도 쉽게 이해되지 않는다. 김 전 총리는 감사원장을 지낼 때 4대강 사업을 감싸는 부실한 감사 결과를 내놓아서 빈축을 샀고, 총리 시절에는 4대강 사업을 옹호하는 데 앞장섰다. 그는 지금도 4대강 사업이 정당했다고 주장하고 있다. 이명박 정권 때 한나라당 내 소수파였던 친박은 4대강 사업에 부정적이거나 냉소적이었음은 세상이 다 아는 일이다. 김 전 총리가 항간의 소문대로 '친박'의 지지를 받아서 서울시장에 도전하고 있다면 정치집단으로서 '친박'은 정체성을 상실하고 만다.

이처럼 전 정권 인사들이 재등장하는 현상은 박근혜 정부에 좋지 않다. 전 정권을 상징했던 인물들이 일선에 복귀하면 박근혜 정부가 전 정권 시절에 있었던 의혹을 해소하기는 어려울 것이고, 국민은 현 정부를 불신의 눈초리로 볼 것이다. 반면 현 정권의 철학과 정책을 대변하고 또 실천해 나갈 집권세력은 제대로 보이지 않는다. 과거 정권에선 볼 수 없었던 현상인데, 많은 일을 직접 챙기는 박근혜 대통령의 업무 스타일과 무관하지 않다.

지난 한 해 동안 여당은 야당과 대화하거나 협력하기를 거부했고, 그런 연유로 국회는 기능적으로 마비돼 있다. 물론 매사를 현안에 결부시켜 투쟁하는 야당에도 상당한 책임이 있지만, 여야 대치에 대해선 여당에 더 큰 책임이 있다고 봐야 한다. 이런 판국에 여권의 유력 정치인들이 저마다 마이웨이를 선언한다면 대통령의 리더십은 손상될 것이며, 레임덕 현상마저 생겨날 것이다. 그렇다면 무슨 대책이 있을까?

박근혜 대통령이 대선 과정에서 약속했던 국민 대통합, 경제민주화, 검찰개혁 등 개혁과제를 어느 정도라도 이행하고, 이명박 정권 시절에 있었던 4대강 사업, 해외자원 개발 등 대형 의혹을 규명하고 청산하는 방법밖에 없다. 어느 나라에서나 국민은 권력 집단이 저지른 비리와 부정을 척결하는 지도자에게 높은 지지를 보낸다. 김영삼 대통령은 12·12와 5·18 책임자들을 법의 심판대에 올렸을 때 가장 높은 지지를 얻었다. 진실을 밝히고 정의를 세움은 대통령이 할 수 있는 가장 올바른 일이다.

3   세월호와 함께 침몰하다

시사저널
2014년 4월 29일~5월 6일 자(1280호) 게재
원제: 공복이 공적이 됐다

세월호 참사는 너무나 엄청난 일이라서 무어라고 말을 하기가 어렵다. 사고 그 자체도 어처구니없지만 전복돼 서서히 가라앉는 선박을 속수 무책으로 바라보고 있어야만 했다니 믿기지 않는다. 그 배 안에 300명 이 갇혀 있었다는 데 대해 달리 표현할 방법이 없다.

세월호는 애당초 항해해서는 안 되는, 감항(堪航) 능력이 없는 선박 이었다. 일본에서 중고 선박을 싸게 도입해 승객을 더 태우기 위해 무 리하게 증축했지만, 선급협회의 구조 변경 검사에 통과했다. 선박 구조 검사를 하는 선급협회라는 단체는 선주들이 출자해서 세운 기관인데, 해양수산부 출신 관료가 대표를 맡고 있다. 규제 기관인 해수부는 규 제 권한을 업계에 넘겨주었고, 업계는 해수부 출신의 고위 관료에게 직 장을 제공하는 등 서로 편의를 봐주면서 선박 안전을 등한시해 왔음이 백일하에 드러났다.

세월호 선장 등 선원의 다수가 임시직이었으며, 선박의 조타 시설

이 고장임을 알고도 항해를 강행했다는 사실도 놀랍다. 그런 세월호가 해경으로부터 여객 사업 면허를 얻었으며, 해운조합으로부터 안전 관리 검사를 받아 운항했다는 사실 또한 어처구니없는 일이다. 세월호가 소속된 청해진해운이란 회사가 어떻게 해서 인천-제주 운항을 독점해 왔는지도 미스터리다. 세월호는 과적(過積)을 일삼았을뿐더러 컨테이너와 차량을 제대로 묶지도 않은 채 운항해 왔음이 밝혀졌으니 기가 막힐 일이다. 이런 모든 일은 관(官)과의 유착이 있었기에 가능했을 것이다.

촌각을 다투는 해난 사고 신고를 받고도 우왕좌왕했던 일선 기관이나, 사태가 발생한 후 허둥지둥한 중앙정부의 모습은 보기에도 딱했다. 그 와중에 장관이니 국회의원이니 하는 사람들이 보여 준 모습과 언동은 추태 그 자체다. 자식을 차가운 바닷물에 묻은 부모들이 피눈물을 흘리고 있고, 해군과 해경 그리고 민간 잠수 대원들이 생명을 걸고 구조 작업을 펼치고 있음에도 관료들은 이 엄청난 비극을 남의 일 보듯 했다. 그렇지 않다면 기념촬영이니 라면 취식이니 하는 터무니없는 일이 일어날 수 있겠는가. 대한민국의 관료는 국민의 공복(公僕)이 아니라 국민의 공적(公敵)이 돼 버린 양상이다.

선급협회 등 해수부 유관 민간 기구에 해수부 관료 출신들이 포진한 데 대해 십자포화가 쏟아지고 있지만 그런 관행은 전(全) 부처에 만연해 있던 고질병이다. 오히려 이런 사실을 이제야 처음 알았다는 식으로 말하는 것 자체가 우스운 일이다. 고시 출신들로 채워져 있는 해경 지휘부가 바다 현장과 유리돼 있어 비상시 대응이 취약하다는 비판도 제기되고 있다.

멀리서 볼 때 세월호는 멀쩡해 보였다. 그러나 그 속은 썩을 대로 썩었다. 수많은 인명을 앗아 갔고 또 수많은 사람의 가슴에 못을 박은 세월호는 일그러진 우리의 자화상(自畵像)이다. 세월호가 침몰하고 있을 때 선장은 브리지에 있지도 않았고 제복을 입지도 않았다. 침몰하는 배를 버리고 자기들만 살겠다고 구조선에 옮겨 탄 선장과 선원들에게 애당초 명예와 책임감은 존재하지 않았다. 대한민국호(號)를 이끌어 가고 있는 정부 고위 관료, 대기업 경영자 등 우리 사회 지도층은 명예와 책임을 헌신짝처럼 버리고 탈출한 선원들과 과연 얼마나 다를까.

4 내가 박 대통령을 지지한 이유

경향신문
2014년 5월 14일 자 게재

세월호 참사로 인해 박근혜 정부가 심각한 위기 상황에 빠졌다. 청와대는 청해진해운의 실소유주인 유병언 씨에 대한 사법처리와 관료 마피아 근절을 위주로 한 대책으로 사태를 수습하려는 것 같다. 하지만 이 정도 대책으로 민심이 수습되지는 않을 것이다. 이번 참사에 대해 청와대와 내각이 대응을 잘못해서 박근혜 정부에 대한 신뢰가 떨어졌다고 보는 것도 정확한 진단이 아니다. 박근혜 정부에 대한 신뢰는 이미 내리막길을 가고 있었는데 그 와중에 세월호 참사가 발생한 것이다.

낮은 응답률 등으로 신뢰도가 떨어지는 여론조사에 나타난 박 대통령의 지지도보다 피부로 느끼는 민심이 나빠진 지는 오래됐다. 박 대통령을 지지했던 사람들마저 몇몇 퇴행적인 인사(人事)와 존재감 없는 내각에 등을 돌리기 시작했다. 진보 매체, 보수 매체를 따질 것 없이 여권을 취재하는 기자들이 "이런 정부는 도대체 처음 본다"고 이야기한 지는 제법 됐다. '받아쓰기하는 내각과 청와대 참모진'이라는 보도를 할 때 언론은 이 정부가 위기에 무력할 수 있음을 암시한 것이지만 정작 청와대는 그런 말을 알아듣지 못했다.

박 대통령은 국민 대통합, 경제민주화, 정치쇄신 등 변화를 내걸고 당선됐지만, 취임 후에는 다른 길을 갔다. 그래도 처음 몇 달은 대선 때 내건 약속을 시행에 옮기려 했다. 하지만 김기춘이 비서실장이 된 후에 공약은 아예 사라져 버렸다. 4대강 사업에 대한 감사원의 감사 결과를 토대로 전 정권에 있었던 비리 의혹을 파헤치는 것 같더니만 김기춘 실장이 등장한 후에는 없던 일이 되고 말았다.

지난 1년 동안 새누리당 원내대표단이 이룩한 가장 큰 공적은 국가 정보원을 감싼 일이다. 이명박 정권 말기에 있었던 국정원 등 국가기관의 대선개입 의혹, 그리고 이어서 불거진 국정원의 증거조작 의혹을 규명하기 위한 야당의 특검과 국정조사를 무력화시킨 것이 새누리당 원내 사령탑의 업적이었다. 그러나 검찰의 미온적인 수사로도 국정원과 국군 사이버사령부가 댓글과 SNS 공작으로 대선에 개입했고, 국정원이 법원에 제출할 증거를 조작했음이 밝혀졌다.

한편 박근혜 정부가 의욕적으로 추진해 온 굵직한 정책은 추동력을 잃어버렸다. 정부조직까지 바꾸어서 시작한 '창조 경제'는 증발해 버렸고, 경제를 살리겠다며 추진한 '규제 완화'는 세월호 참사 후에는 말도 못 꺼내게 됐다. '통일 대박'을 추구하는 드레스덴 구상의 처지도 크게 다를 바 없고, 자체가 개혁 대상인 관료와 관변 학자로 구성된 내각이 추진하는 '공기업 개혁'은 애당초 가능하지가 않았다.

2012년 한 해 동안 박근혜 대통령은 개혁적인 아젠다로 총선과 대선에서 승리했다. 박 대통령을 지지했던 많은 유권자는 새 정부가 이명박 정권과는 다를 것이며, 4대강 사업 같은 의혹을 정리할 것으로 기대했다. 박 대통령을 도와 총선과 당내 경선, 그리고 대선을 치른 김종인 박사와 나도 같은 생각이었고, 대선 과정에 합류한 안대희 전 대법관도 같은 생각이었을 것이다.

내가 박근혜 대통령을 지지했던 이유는 단순하다. 노무현 정권과 이명박 정권은 각기 다른 이유로 실패했기에 이들 정권하에서 야당 대표와 여당 속 야당이었던 박 대통령이 나라를 제대로 이끌어 갈 수 있다고 생각했다. 국가안보와 시장경제를 존중하는 보수 정치인이지만 '통합의 정치'를 할 수 있다고 믿었다.

하지만 대선 과정에서 NLL 공방 등 예상하지 못했던 일을 겪으면서 무언가 잘못되어 가고 있다는 기분이 들었다. 선거가 끝난 후의 이야기는 다 아는 일이다. 그해 10월 대학에 명예퇴직원을 낸 나는 대선 후 두 달 동안 30년간의 교수 생활을 정리하고 있었다. 당시 김종인 전 장관과 안대희 전 대법관의 거취는 많은 사람이 잘 알고 있다. 그리고 윤창중으로 시작된 인사 참사와 국정원 대선개입 의혹이 새 정부 첫 한 해를 괴롭혔다. 그리고 공기업 개혁, 규제 완화 등 무언가 일을 벌이는 것 같더니 세월호 사건이 터졌다.

이제 상황은 180도 바뀌었다. 박근혜 정부를 보는 민심은 싸늘하다 못해 험악하다. 박영선 의원이 실질적으로 야당을 이끌게 됨에 따라 그간 여권을 도와주었던 야권의 지리멸렬 상태도 끝이 났다. 세월호 사건이 없더라도 새누리당 내부의 친박 세력은 이미 쇠락했고, 지자체는 '비박(非朴) 전성시대'를 준비하고 있다. 기로에 선 박 대통령이 '국민만 보고 가겠습니다'라고 했던 '2012년 초심'을 되살려서 국정을 쇄신했으면 한다. 또 한 정부의 실패를 볼 정도로 우리는 여유롭지 않다.

5 측근밖에 없는 정부

시사저널
2014년 6월 24일~7월 1일 자(1288호) 게재
원제: 측근과 핵심만 참여한 정부

대통령제 정부에서는 국민이 대통령을 선출하고, 이렇게 선출된 대통령은 자신을 보좌할 장관 등 정무직을 임명한다. 대통령의 공직 임명권은 대통령이 갖는 가장 큰 권한인데, 정부가 비대해짐에 따라 임명하는 공직의 범위가 매우 넓어졌다. 그러다 보니 대통령의 성공과 실패는 인사로 결정 난다. '인사가 만사(萬事)'인 셈이다.

그 점에서 박근혜 정부는 실패라고 할 수밖에 없다. 총리 지명자 4명 중 2명이 낙마했고, 1명도 현재 낙마 위기에 있다. 국방부 장관, 미래창조과학부 장관, 공정거래위원장 등이 검증의 벽을 넘지 못했다. 여론의 반대를 무릅쓰고 임명을 강행했지만 미국에서 성추행 물의를 일으켜 파면당한 윤창중 청와대 대변인, 역시 불미스러운 일로 물러난 김학의 법무부 차관 등도 인사 실패다. 불과 몇 달 만에 물러난 허태열 청와대 비서실장과 김남기 홍보수석, 그리고 대통령 임기 내내 청와대를 지킬 것으로 생각됐지만 조기에 물러난 이정현 홍보수석도 조금 다른 의미에서 역시 인사 실패다. 김기춘 비서실장이 여론의 압력으로 물러나

면 그 역시 실패한 인사로 기록될 것이다.

사정이 이러하니 단순히 인사 검증 시스템에 문제가 있다는 말로는 설명하기 어렵다. 언론 검증과 청문회 과정에서 총리 후보와 장관 지명자가 낙마한 경우는 과거 정권에서도 있었지만 현 정부에서 벌어진 인사 난맥상은 '참사'라고밖에 달리 표현하기가 어렵다.

과거 정권에서는 청와대와 내각 그리고 집권 여당에 일정 규모의 집권세력이 존재했다. 노태우 정부 때는 정규 육사 출신과 박철언 등 청와대 핵심 그룹이, 김영삼 정부와 김대중 정부 시절에는 민주화운동을 함께해 온 '상도동계'와 '동교동계'가 집권세력이었고, 노무현 정부에서는 '386 집단'이 그러했다. 이명박 정부에서는 그 같은 집권세력이 없었기 때문에 실패했다는 평가가 있었다. 권력에 편승해 한자리하거나 이권을 챙기려는 사람은 많았지만 정작 정권을 성공시키겠다는 각오를 한 집단이 없었기 때문에 한나라당과 함께 몰락했다는 설명이다. 그런 측면에서 본다면 박근혜 정부는 이명박 정부보다 문제가 더욱 심각하다.

박근혜 정부를 탄생시킨 집단은 넓은 의미에서 '친박'이라 부를 수 있는 인물군(群)이다. 그러나 정작 정권 탄생 후에는 '측근'과 '핵심'이라는 몇 명만 정권에 참여했다. 나머지는 이런저런 사람들을 바구니에 주워 담는 방식으로 내각과 청와대를 구성했다. 그러다 보니 주인의식이 있는 집권세력은 존재하지 않고 대통령 혼자 서 있는 양상이다. 따라서 인사를 통해 정권의 인프라를 구축하는 과정에서 집단지성이 작

동할 가능성은 처음부터 없었다. 게다가 대통령 측근들은 외부와 접촉
이 없었기 때문에 시중에선 상식으로 여겨지는 평판을 모르는 경향마
저 있다.

이런 구조적인 측면 외에도 현 정부의 국정 기조가 국민 대다수가
원하는 방향과 거리가 있다는 점도 인사 실패에 한몫했다. 박 대통령은
2012년 한 해 동안 '국민 대통합', '경제민주화', '정치쇄신'을 내걸고
대통령에 당선됐지만, 취임 후에는 이런 약속을 돌보지 않았다. 언론인
출신 문창극을 총리 후보로 지명하기 전에 박 대통령은 "개혁에 적합
하고, 국민이 원하는 분을 찾는다"고 했지만, 친일 논란을 접어두더라
도 문창극은 '개혁'과 거리가 먼 인물이었다. 거듭되는 인사 참사는 여
러 원인이 복합적으로 작용한 필연적 결과다.

6 청와대는 안녕들 하십니까?

시사저널
2014년 7월 22일~29일 자(1292호) 게재

지난해 말 한 대학생이 "안녕들 하십니까?"라는 대자보를 써 붙이자, 많은 사람이 "우리는 결코 안녕하지 못합니다"라고 호응했다. 2014년 여름, 우리 국민은 이제 정부, 특히 청와대를 걱정해야 하는 상황에 이르렀다. 청와대가 왠지 안녕해 보이지 않아서다.

박 대통령의 단점으로 꼽히는 것이 '만기친람(萬機親覽)'이다. "통일은 대박이다", "규제는 암 덩어리다" 같은 대통령의 정책 메시지가 어떤 과정을 거쳐 나오게 됐는지는 알 수 없다. 세월호 참사 후에 내놓은 '국가 개조론'도 마찬가지다. 야당 원내대표의 말 한마디에 '국가 혁신'으로 바뀐 '국가 개조'도 이미 흐지부지된 '창조 경제'의 길을 갈 것 같다. 매사가 충분한 준비도 없이 급조된 비현실적인 아이디어 아니냐는 비판을 면키 어렵다.

외교도 그런 비판을 피해 가기 어렵다. 중국과의 정상회담을 대단한 성과로 내세우지만, 중국에 치우친 외교로 우리에게 돌아오는 것이 무엇인가에 대해 생각해 볼 점이 많다. 미국은 이미 박근혜 정부의 외교가 미숙하다는 불만 섞인 시그널을 보내고 있다. 내정에서나 외교에서나 이 정부의 정책 기능에 중대한 문제가 있는 것이다.

　4월 16일 세월호가 침몰하던 그날, 대통령의 소재를 파악하지 못한 청와대 비서실장과 참모들은 이 중대한 사건을 대통령에게 제때 보고하지 못한 것으로 드러났다. 특히 비서실장이 대통령의 소재를 몇 시간 동안 알 수 없었다는 것은 상식에 어긋난다. 청와대 참모들은 사고가 난 후 대통령이 어떤 메시지를 내보내야 하고, 무슨 일을 해야 하는지도 제대로 판단하지 못했다.

　세월호 참사 여파로 정홍원 국무총리가 물러나고 후임으로 지명된 안대희 전 대법관과 문창극 전 중앙일보 주필이 연거푸 낙마했다. 그러자 박 대통령은 총리감을 못 구하겠다면서 이미 사표를 낸 정 총리를 유임시켰다. 대통령이 인사권을 행사하지 못하겠다고 '자백'한 데 대해 많은 사람은 할 말을 잃었다. 김명수 교육부 장관 후보자는 자질 미달이라는 게 온 나라에 드러났다. 연이은 인사 참사를 본 사람들은 과연 대통령이 사람을 보는 안목이 있는지 의문을 품고 있다. 문창극·김명수 씨는 대통령이 알았던 사람들이 아니기에 이들이 총리와 부총리 후보에 오른 배경에 대해 의아해하고 있다. 장관 후보자라는 사람들은 하도 하자가 많아 그런 사람들을 일부러 주워 모으기도 어렵겠다는 냉소가 팽배해 있다.

이런 과정을 보고 박 대통령이 독선적이라고 비난을 하기도 한다. 하지만 문제는 더 심각하다. 대통령이 과연 안녕한지, 또 비서실이 최소한의 기능이나마 하고 있는지 그것이 궁금할 정도다. 이 와중에 언론은 사흘이 멀다고 대통령의 측근 보좌관 3인방과 정 아무개에 대한 뉴스를 내보내고 있다. 이들에 관한 이야기가 사람들의 입에 회자되면서 진실 여부와 상관없이 이 정부를 불신의 늪에 빠뜨리고 있다.

세월호 사건과 인사 참사로 대통령은 국민의 신뢰를 잃어버렸고, 청와대 비서실장은 사퇴 요구에 시달리고 있고, 국무총리는 아예 존재감이 없으니 보통 문제가 아니다. 레임덕에 깊이 빠져든 박 대통령이 지금이라도 "국민만 보고 가겠습니다"라고 했던 초심으로 돌아갔으면 한다.

7 추락한 대통령 리더십

시사저널
2014년 12월 9일~16일 자(1312호) 게재

박근혜 대통령의 비서관 3인방과 그 배후로 지목된 정윤회를 둘러싼 의혹이 일파만파 확산하고 있다. 국회의원 박근혜를 보좌했던 비서관 3명이 대통령 박근혜의 청와대에서 요직을 차지하자 이들이 결국에는 문제를 야기할 것으로 보는 사람이 많았다. 그러니 이번 일은 예고된 참사인 셈이다.

　박 대통령에게 지우고 싶은 과거가 있다면 육영수 여사가 사망한 후 최태민이라는 사람과 사회단체를 같이하면서 인연을 맺은 일일 것이다. 최 씨는 오래전에 사망했기에 그와의 문제는 이미 과거사가 됐어야만 한다. 하지만 박 대통령은 1998년 대구 달성군 국회의원 보궐 선거에 나설 때 최 씨의 사위인 정윤회에게 선거 실무를 맡겼다. 이때 정 씨가 데리고 온 사람들이 오늘날 문제가 되는 비서관 3인방이다.

　2004년 박 대통령이 한나라당 대표가 되자 시선이 부담스러운 정 씨는 스스로 자취를 감췄다. 2007년 대선을 앞두고 한나라당 경선이

가열되자 이명박 후보 측은 박 대통령과 정수장학회, 영남대학교 그리고 최 씨와의 연관성을 공론화시켰다. 박 대통령이 2007년 경선에서 패배한 데는 이런 문제가 상당히 작용했다.

이명박 정권이 들어서자 박 대통령은 조심스러운 행보를 했다. 박 대통령은 차기 대권을 위해 낮은 자세로 많은 사람을 만났는데, 필자도 그때 박 대통령을 만났다. 그런 박 대통령이었기에 비서관들이 문제를 일으킬 여지는 없었다. 하지만 워낙 많은 사람이 박 대통령을 만나고 싶어 했기에 창구 역할을 하던 이들이 문고리 권력으로 기능했음은 부인할 수 없다.

문제는 2012년 대선 캠프에서 생겼다. 박근혜 후보가 인혁당 판결과 정수장학회 문제에 대해 터무니없는 실수를 해서 지지율이 곤두박질치는 일이 일어났다. 일련의 사태는 대통령 후보가 캠프 공식 라인보다 자신의 몇몇 비서관들에게 의존한 데서 야기됐다.

박 대통령은 당선된 후 자신의 정부를 독특하게 구성했다. 자신이 알지 못했던 사람들을 주워 모아 내각을 구성했는데, 그러다 보니 인사 참사라고 할 만한 사태가 계속 발생했다. 자연히 대통령 주변에 포진한 비서관들 때문에 인사가 엉망이라는 볼멘소리가 나왔다. 경륜은커녕 사회 경험마저 태부족한 비서관들에게 의존하다 보니 대통령의 메시지는 유치할 수밖에 없었다. 대통령이 수석비서관들과도 대면하지 않는 '의문의 불통 통치'를 하다 보니 비선 실세가 따로 있다는 풍문이 뭉

게뭉게 피어올랐다. 그 와중에도 한자리하고자 하는 사람들이 이들, 그리고 이들과 통하는 정치권 인사들에게 줄을 댔을 것이다.

세월호가 침몰하던 날 대통령이 7시간 동안 무엇을 했느냐를 두고 논란이 일었고, 조선일보가 이상한 칼럼을 써서 의혹은 더욱 확산됐다. 일본 〈산케이신문〉이 비슷한 기사를 쓰고 청와대가 이를 문제 삼자 이 풍문은 그야말로 '세계화'되어 버렸다. 이제는 전 국민이 최태민이 어떻고 정윤회가 누구라는 정치 토크를 하게 됐다. 정 씨를 둘러싼 논란의 진실 여부와 관계없이 박 대통령의 리더십은 이미 천 길 나락(奈落)에 떨어져 버린 형상이다.

8   두 얼굴의 박근혜

시사IN
2015년 2월 7일 자(제386호) 게재

박근혜 대통령의 지지도가 30%로 떨어지자 청와대는 총리를 교체하고 대통령 특보를 새로 임명하는 등 법석을 떨고 있다. 나는 박 대통령의 지지도 하락은 예고됐다고 생각하는 편이다. 이미 추락했어야 할 지지도가 박 대통령의 부모 후광 덕분에 그나마 지금까지 버텨 주었다고 본다.

2012년 새누리당 비상대책위원, 박근혜 경선 캠프와 새누리당 정치개혁특위의 멤버로서 박근혜 대통령 만들기에 일익을 담당한 나는 전국 각지에서 열린 지지자 모임에도 참석했고, 영남은 물론이고 호남과 제주도에도 여러 차례 들르면서 민심을 경청했다. 당시 박근혜를 지지했던 민심은 단순히 '보수'는 아니었다. 비대위원장으로서 약속한 구태정치 척결과 정치 쇄신, 그리고 대선 후보로서 약속한 경제민주화와 국민 대통합 때문에 박 대통령은 많은 지지를 받은 것이다.

내가 만났던 호남 사람들은 비록 그들이 대선에서 야당을 찍겠지만 박 대통령이 당선되더라도 지역 화합을 이룰 것으로 기대했다. 제주도에서는 박 대통령이 4·3 문제를 전향적으로 해결해 주리라 기대했다. 국가안보와 시장경제 철학에 투철한 박 대통령이기 때문에 남북대화를 촉진하고 경제민주화를 무리 없이 실천할 수 있다고 보기도 했다. 이런 기대가 '대통령 박근혜'를 만들어 낸 것이다.

하지만 박 대통령은 대통령 당선 후 그 같은 기대를 간단하게 저버렸다. 윤창중, 김용준 등 초기 인사는 상식에 벗어났을 뿐 아니라 지지자들이 보기에도 황당하기만 했다. 그리고 모든 것이 잘못되어 갔다.

도대체 어디서부터 잘못된 것일까? 나는 박 대통령이 2012년 대선 초입에 있었던 인혁당 사건 관련 인터뷰와 정수장학회 기자회견을 계기로 정체성 혼란을 겪었으며, 이로 인해 국민 대통합이나 경제민주화 같은 아젠다에 대한 관심을 상실했다고 본다. 당시 대선 캠프의 공식 라인을 제쳐 놓고 측근 비서들에게 의존하다가 망신을 당했는데도 이후 그들에 대한 의존도가 더욱 커지는 기현상도 발생했다.

박 대통령은 사람의 일생에서 매우 중요한 30대를 칩거 생활로 보냈다. 그 같은 세월이 자신을 단련시켰을 수도 있지만 다른 사람들과 어울리기 어려운 오늘의 박 대통령을 만들었을 것이다. 이런 단점은 정치적 환경이 잘 풀리면 문제가 되지 않는다. 박 대통령은 '차떼기 파동'으로 쓰러져 가던 한나라당을 천막 당사와 개혁 공천을 통해 살려 냈다. 노무현 정권 시절에는 강단 있는 야당 대표였고, 2007년 한나라당 경선에서 패배하자 깨끗하게 결과에 승복했다. 이명박 정권 시절에는 여당 속 야당으로 진보 언론으로부터도 사랑을 받았다. 지금은 박 대통령을 호되게 비판하는 저명한 종교 지도자 몇 분과도 교분을 유지했다.

이런 걸 보며 박 대통령이 정직하고 깨끗한 나라를 만들 수 있으리라 생각했던 이들이 2012년 총선과 대선을 결정지었던 유권자였다. 하지만 이제 사람들은 박 대통령에게 환멸을 느끼고 지지를 접었다. 아직도 박 대통령을 지지하는 계층은 극우 성향 사람들과 박정희 향수에 빠진 노년층이라고 해도 과언이 아니다. 수도권의 20~40대 유권자들은 냉소와 적대적 시각으로 박 대통령을 보고 있다.

박 대통령은 자신의 집권 기간에 자신과 같이 갈 독자 세력을 만들지 않았다. 대신 만만하게 부릴 수 있는 사람들로 청와대 참모와 내각을 꾸렸다. 그리고 각료는 말할 것도 없고 수석비서관도 만나지 않았으니, 참으로 희한한 정부 시스템을 구축한 셈이다. 대통령은 자신이 밤늦게까지 보고서를 읽는다고 자랑스럽게 말했는데, 시골 군수도 보고서나 읽고 있으면 실패한다는 것이 정설(定說)이다. 성공하는 대통령 리더십의 기본은, 본인은 비전을 제시하고 좋은 사람을 기용해 이들에게 권한과 책임을 주어 일할 수 있게 하고, 언론을 통해 국민과 소통하는 것이다. 박 대통령은 이 중 어느 것도 갖추고 있지 못하다.

박 대통령의 아킬레스건은 '죽은 최태민'과 '산 정윤회'다. 박 대통령이 대선 공약인 쇄신과 통합을 지키고 민심을 존중하는 정치를 하면 이들 이름이 수면 위에 나올 일은 없다. 그러나 박 대통령은 그렇게 하지 못했고, 이제 온 국민이 정윤회라는 사람을 알아 버렸다. 청와대의 정윤회 문건과 김무성 대표의 수첩을 통해 국민들은 '문고리 3인방'과 '십상시'도 알게 됐다. 이들이 국정에 어느 정도 영향을 미치는가 하는 '진실'은 중요하지 않다. 대다수 국민이 어떻게 '인식'하는지가 중요하다. 이렇게 해서 많은 기대를 받았던 대통령은 추락하고 말았다.

9 대통령제의 저주

경향신문
2015년 7월 1일 자 게재
원제: 대통령제의 저주에 걸리다

유승민 새누리당 원내대표를 겨냥한 박근혜 대통령의 국무회의 석상의 발언은 장소, 절차, 그리고 내용 모두 잘못됐다. 무엇보다 국무회의는 국정을 논하는 자리이지 대통령의 불편한 심정을 표출하는 자리가 아니다. 대통령의 메시지는 파급력이 있어 그 정도의 폭탄선언을 하려면 대통령은 비서실장, 정무, 홍보 등 비서관들과 사전에 협의했어야만 한다. 하지만 대통령 비서실장도 현장에서 그 내용을 처음 들었다고 하니 블랙 코미디라고 하겠다.

국회가 여야 합의로 통과시킨 법안에 대해 대통령이 거부권을 행사할 상황이라면 국무회의는 최소한 논의는 하고 통과시켜야 한다. 대통령의 격앙된 발언이나 듣고 침묵으로 안건을 통과시키는 국무회의라면 차라리 문을 닫는 게 낫다.

박 대통령은 여당 원내대표가 국회를 설득시키지 않고 무엇을 했느냐고 질타했는데, 그러면 대통령은 공무원연금 개혁을 위해 야당과 대화라도 한 적이 있는가. 야당과의 대화는 오바마 같은 '풋내기 대통령'

이나 하는 것으로 안다면 그것은 엄청난 오해다. 동서 냉전을 종식시켜 역사의 한 장(章)을 장식한 칠순의 로널드 레이건 대통령은 당시 야당 지도자이던 토머스 오닐 하원의장과 수시로 만나고 통화하면서 법률안 통과를 부탁하곤 했다. 명색이 보수 정치인이라면 레이건의 리더십에 대해 희미하게나마 들어보기는 했을 것이 아닌가.

박 대통령은 2012년 4·11 총선에서 다시는 다수당이 일방적 날치기로 법안을 통과시키는 일이 일어나지 않도록 하겠다고 공약했고, 여야는 그 약속을 받아들여서 국회선진화법을 통과시켰다. 국회선진화법이 존재하는 한 다수당 원내대표라고 하더라도 인내를 갖고 야당과 협상하는 수밖에 없다. 대통령 자신이 만들어 놓은 국회선진화법의 테두리 안에서 협상을 통해 공무원연금 개혁안을 통과시킨 여당 원내대표를 대통령이 질타하고 있음은 아이러니가 아닐 수 없다. 혹시 박 대통령은 공무원연금 개혁에 뜻이 없었던 것이 아닌가 하는 생각마저 든다.

"배신의 정치는 패권주의와 줄 세우기를 초래한다"는 말도 생뚱맞기만 하다. 이 표현은 박 대통령이 고배를 마신 2007년 한나라당 경선에 들어맞는다. 2004년 총선 때 자신이 혼신의 노력을 다해 유세 지원을 했던 이재오 의원 등과 자신 덕분에 국회의원이 된 비례대표 의원들이 대거 이명박 대통령 쪽에 줄을 섰던 것은 박 대통령에게 아픈 기억일 것이다. 그렇게 자기가 힘들 때 자신을 지켜 준 사람이 김무성 대표와 유승민 원내대표였다.

유 원내대표가 증세에 관한 자신의 소신을 피력한 부분은 박 대통령에게 불쾌한 측면이 있겠지만, 지하경제를 양성화해서 복지예산을 충당하겠다던 박 대통령의 구상이 허망한 것임은 세상이 다 아는 사실이다. "패권주의가 어떻고, 줄 세우기가 어떻다"라는 말은 유 원내대표보다는 사무총장 등 당직 임명권을 갖고 있으며 또한 내년 총선에서 공천작업을 지휘할 김무성 대표를 향한 것으로 보인다.

　이른바 친박 의원들이 대통령의 역정(逆情)에 편승해서 들고일어난 것도 우습다. 강경한 말을 쏟아 낸 이정현 의원이야 원래 대통령의 집사 역할을 했던 사람이니까 그렇다고 치자. 유 원내대표를 앞장서서 비난한 김태호, 이인제 최고위원은 사실 박 대통령과는 인연도 별로 없는 사람들이다. 와중에 김무성 대표가 "나도 박 대통령하고 너무 가까워서 죽었잖아"라고 말해서 주목을 샀다. 필자가 최근에 한 인터뷰에서 "박 대통령은 자기를 아는 사람을 부담스럽게 여긴다"고 한 것과 일맥상통하는 언급이다.

　박 대통령을 알아 왔던 사람들이 대통령과 멀어지게 된 원인 중의 하나는 '문고리'와 '십상시'라고 불리는 '인(人)의 장벽'이다. 2012년 대선 당시 박 대통령은 부친 시절의 과거사 발언으로 선거에서 패배할 뻔했다. 식견이 태부족한 주변 인물들이 제공한 잘못된 정보를 갖고 대통령이 인혁당 사건과 정수장학회 문제에 대해 엉뚱한 발언을 해서 선거 캠프가 와해될 지경에 이르렀던 것이다. 박 대통령의 국정 운영 스타일은 그때와 별반 다르지 않다. 이런 패턴이 있는 한, 이 정부는 취약하고 실패할 수밖에 없다는 것이 나의 생각이었는데 불행하게도 맞아떨어지고 있다.

대통령제 국가에서 대통령은 탄핵이라는 극단적인 경우가 아니면 임기가 보장된다. 의회의 불신임 결의에 따라서 정부가 교체되는 의원내각제와 달리 대통령제 국가에선 아무리 무능하고 오만한 대통령이라고 할지라도 임기 내에 교체할 방도가 없다. 우리는 '임기가 보장된 대통령'이란 '저주'에 연거푸 갇혀 있는 형국이다.

10 　박 대통령의 '역사와의 전쟁'

매일신문
2015년 10월 16일 자 게재

박근혜 대통령이 한국사 교과서 국정화(國定化)를 지시함에 따라 총선을 앞둔 정국이 혼미상태에 빠져들었다. 검인정교과서의 '좌편향'을 바로잡겠다면서 야심 차게 내놓았던 교학사 교과서가 시장에서 참패를 당하자 국정화 카드를 꺼내 든 것이다. 박 대통령은 한국사 교과서 문제를 자신의 임기 중에 매듭짓고 싶어 하는 것으로 보인다. 한 여당 의원이 오래전에 "박근혜 대표는 아버지 명예를 회복하기 위해서 대통령이 되고 싶어 한다"고 말했던 바가 현실로 닥쳐오는 셈이다.

하지만 박 대통령의 뜻대로 한국사 교과서 문제가 매듭지어질 것 같지는 않다. 국정교과서라는 것이 이미 지나간 시대의 유물일뿐더러 다른 과목은 검인정교과서인데 유독 한국사 교과서만 국정교과서로 한다는 것도 어색하다. 검인정교과서에 문제가 있으면 검인정 절차를 거쳐서 수정하거나 보완하는 것이 올바른 방법이다.

무엇보다 정부가 뜻하는 대로 한국사 국정교과서를 펴낼 수 있을지가 의문이다. 교과서 국정화를 지지하는 교수가 거의 없을뿐더러 당사자인 역사학 교수들이 집필을 거부하고 있기 때문이다. 이러다간 몇몇 정치학자나 사회학자가 한국사 교과서를 집필하게 될 것인데, 한국사 전체를 알고 있지 못하는 이들이 역사책을 쓴다는 것 자체가 우스운 일이다. 이들이 어렵게 교과서를 펴냈다고 하더라도 다음 정권은 이를 폐기해 버릴 것이 분명하기에 이렇게 난리를 떨 필요가 있는지가 의문이다.

그렇다고 해서 현재 나와 있는 검인정교과서의 현대사 부분에 전혀 문제가 없다는 말은 아니다. 검인정교과서의 현대사 부분을 읽어 본 적이 있는데, 민주주의를 지향했던 대한민국과 애당초 그럴 생각이 없었던 북한을 마치 대등한 존재인 것처럼 가치 중립적으로 서술하고 있는 점은 불편하게 느껴졌다. 역사란 수많은 사실을 이야기로 엮어 내는 것이기에 같은 사실을 두고서도 그것을 토대로 엮어 내는 스토리는 저술자의 관점에 따라 상당히 달라질 수 있다. 하지만 미성년자인 중·고등학교 학생들이 공부하는 역사 교과서는 집필자의 주관에만 맡길 수 없어 검인정 절차를 거치도록 하는 것이다.

정부가 검인정 절차를 넘어서 아예 역사적 사실에 대한 평가를 정형화하려고 시도하면 역사의 판단에 맡겨질 사안이 정쟁(政爭)의 대상이 된다는 점에서 우려하지 않을 수 없다. 대한민국 건국 시점을 언제로 할 것인가 하는 문제가 논란이 되고 있는데, 제헌헌법부터 현행 헌법에 이르기까지 일관성 있게 3·1운동을 건국의 기점으로 삼고 있으며, 특히 1987년에 전면 개정된 현행 헌법은 대한민국이 상해 임시정부의 법통을 계승한다고 명문으로 규정하고 있음에 주목해야 한다.

5·16과 박정희 대통령에 대한 평가를 교과서 국정화를 통해서 '바로 잡겠다'는 발상도 마찬가지다. 역사적 평가는 역사가의 몫이지 정부가 간여할 일이 아닐뿐더러 구태여 그렇게 할 필요가 있는가 하는 문제가 있다. 단면적으로 볼 때 5·16이 '군사 정변'임을 부정하는 사람은 없을 것이다. 하지만 1960~1970년대 이르는 기간에 빈곤 탈출에 성공해서 오늘날 우리가 세계의 경제 대국으로 우뚝 서게 되기까지 박정희 대통령의 역할이 있었음을 부정할 사람 또한 없을 것이다. 근래에 실시된 많은 여론조사는 박정희 대통령을 훌륭한 지도자로 평가하고 있다는 사실 또한 누구도 부정할 수 없을 것이니 이런 논쟁이 과연 실익이 있는지도 의문이다.

박근혜 대통령이 벌이는 '역사 교과서 전쟁'은 결국에는 '역사와의 전쟁'이 될 것이기에 우려되는 바가 크다. 역사와 싸우는 일은 부질없을뿐더러 거센 역풍을 맞을 수 있다. 박 대통령 자신이 나서서 부친에 대한 역사적 재평가를 시도한다는 것 자체도 별로 좋아 보이지 않는다. 오히려 박 대통령은 부친 시절에 있었던 인권 침해와 헌정 유린 등 어두운 부분에 대해 사과하고 그 잔재를 털어 내는 노력을 했어야만 했다. 사실 박 대통령이 대선 공약으로 '국민 대통합'을 내세웠을 때 많은 사람은 그렇게 이해를 했다. 하지만 박 대통령은 이와는 정반대의 길을 가고 말았으니 안타까운 일이다.

11   역사의 수렁에 빠지다

경향신문
2015년 10월 28일 자 게재

박근혜 대통령은 한국사 교과서 국정화를 천명함으로써 사실상 '역사
와의 전쟁'을 선포하고 말았다. 박 대통령은 국회 시정연설에서도 '올
바른 역사'를 미래 세대에 가르치기 위해서 역사 교과서 국정화가 필수
적이라고 재차 강조했다. 박 대통령은 미래 세대가 올바른 국가관을 갖
는 것이 중요하다고 강조했지만, 무엇이 올바른 국가관인지는 대통령
자신이 판단할 사안이 아니다. 전쟁에 임하는 장수처럼 박 대통령은 승
리를 자신하고 있지만, 청와대 밖 세상의 사정은 대통령의 기대와는 사
뭇 다르다. 전국의 역사학 교수들이 반대하고 일어섰고, 반상회를 통해
국정화를 홍보하라는 정부의 지시가 지자체에 의해 거부되는 등 여론
은 심상치 않다.

   검인정 역사 교과서를 둘러싼 논란은 어제오늘의 일이 아니다. 6·25
전란(戰亂)과 베트남전쟁을 경험하고 대한민국이 한반도 유일한 합법
정부라고 믿어 온 세대의 시각으론 검인정 한국사 교과서는 불편하게

느껴진다. 남북 분단 과정에서 6·25전쟁 중 양민 희생에 이르는 많은 부분에서 남북한이 거의 대등하게 서술돼 있기 때문이다. 역사를 민중의 시각에서 풀어 가는 역사학계의 동향이 이 같은 등가적(等價的) 접근을 가능케 했을 것이다. 남북한 유엔 동시 가입에서 햇볕정책에 이르기까지 남북관계가 많이 바뀌었기 때문에 북한에 대한 시각도 바뀌어야 한다면서 이렇게 서술했다면 그것은 수정주의(修正主義)라는 비판을 받을 만하다. 보는 사람에 따라 차이가 많은 현대사를 고교생에게 어느 정도 가르칠 것인가 하는 문제도 있다.

하지만 역사 교과서 국정화를 둘러싼 논란은 위와 같은 것이 아니다. 박 대통령이 '역사와의 전쟁'을 시작한 동기가 지극히 개인적인 데 있다는 의심을 받기 때문이다. 사실 박 대통령에게 있어선 부친에 대한 역사적 평가가 그 무엇보다도 더 중요해 보인다. 현 정권 들어서 김기춘 등 유신 옹호론자가 기용된 것이 그런 해석을 뒷받침한다. 대통령의 진심은 번지르르한 선거 공약보다는 김기춘 같은 인물을 통해서 나타나는 것이다. 요점을 말하자면, 부친이 정당한 평가를 받고 있지 못하다고 생각하는 박 대통령이 자신의 임기 중에 이를 바로잡고자 하는 것이다.

그러나 박 대통령의 이 같은 전쟁은 승산이 없다. 야당은 교과서 국정화 시도를 친일과 독재를 합리화하려는 '역사 쿠데타'라고 반발하고 나섰는데, 이 주장이 설득력을 얻어 가고 있다. 교과서 국정화를 위해서 사업단을 비밀리에 가동했다는 의혹마저 일고 있으니 정부가 정당하지 않은 일을 추진하고 있다는 비난을 살 만하다. 국정을 책임져야 할 대통령이 역사 논쟁의 한가운데에 서는 것 자체가 어리석다. 학계가 해야 할 논쟁에 정부와 여당이 몰입하면 국정은 실종되고 민생경제는 어려워지고 만다.

사실 박정희 대통령에 대한 평가는 박근혜 대통령이 하기에 따라 달라질 수 있었다. 문제는 박근혜 대통령이 상황을 거꾸로 인식하고 있다는 데 있다. 박 대통령이 부친 시절에 있었던 인권유린에 대해 진정으로 사과하고 어두운 유산(遺産)을 치유하는 일을 했다면 부친의 과거사는 묻혀 버리고 말았을 것이다. 하지만 박 대통령은 어둠 속에 잠자고 있던 과거사를 대명천지(大明天地)로 끌어내고 말았다. 일반 국민은 알지도 못하고 구태여 알 필요도 없던 일들을 다시 불러내고 있는 형상이다.

박 대통령이 제대로 알고 있는지 어떤지는 알 수 없지만, 부친에게는 불편한 과거가 많다. 일제 말기에 일본군 장교로 복무했던 일, 그리고 해방 후 남로당에 연루되어 생사의 기로에 섰던 일이 대표적이다. 5·16 후 북에서 내려와서 사형을 당한 황태성, 평화통일론을 주장하다가 사형당한 민족일보 사장 조용수 등이 박정희의 사상적 편력과 관련이 있음은 아는 사람은 다 아는 일이다. 자신의 친구이자 사상적 동지이던 문화방송 황용주 사장을 축출해야 할 정도로 박정희 대통령의 '레드 콤플렉스'는 뿌리가 깊었다.

초기의 검은 역사가 박정희 대통령의 사상적 편력과 관련이 있다면 10월 유신 후에 있었던 인권유린은 장기집권을 위한 수단이라고밖에 평가할 방법이 없다. 유신 체제하에서 일어난 일들은 '판도라의 상자'와 같아서 그것을 활짝 열어 버리면 온갖 역사가 부활해 나와서 새롭게 조명되기 마련이다. 사법 살인이나 마찬가지였던 인혁당 사건, 장준하 선생 추락사와 최종길 교수 사망 등 아직도 규명되지 못한 사건들이 그러하다.

정수장학회, 영남대학교, 설악산 권금성 케이블카 등 박정희 대통령 일가가 관련된 사건들도 마찬가지다. 역사를 제대로 알지 못하는 사람들이 '역사의 수렁'에 겁 없이 뛰어들어서 허우적거리는 모습이 지금의 청와대와 새누리당이 연출하고 있는 '역사와의 전쟁'이다.

1 대통령 단임제가 어때서요?

동아일보
2007년 2월 5일 자 게재

노무현 대통령이 느닷없이 대통령 단임제에 문제가 많다면서 개헌을 하자고 한다. 하지만 노 대통령이야말로 탄핵이란 드문 경우가 아닌 한 대통령의 임기가 보장되는 대통령제의 단점을 잘 보여 줬다. 노 대통령이 의원내각제의 총리였다면 불신임을 당해도 여러 번 당했을 것으로 생각되니 말이다. 그렇다고 우리가 의원내각제를 하자고 개헌할 수는 없는 노릇이다. 대통령제는 이미 우리의 전통이다.

대통령 단임제와 중임제는 각각 장단점이 있다. 1987년에 직선제 개헌을 할 때 중임제냐, 단임제냐를 두고 적잖은 논의가 있었다. 장기 집권의 폐단을 체험한 국민은 단임제에 반대하지 않았다. 그리고 지난 20년간 단임제를 이어 왔으니 단임제는 우리 토양에 정착한 셈이다.

대통령제의 고향인 미국은 처음부터 중임을 허용했다. 반면 중남미 국가의 전통은 단임제였다. 그러나 중남미의 대통령제는 군부(軍部)와 결탁한 일당독재인 경우가 많았다. 단임제로 대통령은 바뀌어도 집권

세력은 바뀌지 않았다. 비교적 안정된 국정 운영을 해 온 멕시코에선 1917년 개헌 후 집권당이 20세기 말까지 계속 집권했다. 대통령은 임기 6년의 단임이지만 거의 한 세기 동안 집권당이 통치했다. 2000년에 야당 후보 비센테 폭스가 당선돼 진정한 정권 교체가 이뤄졌다.

남미의 경제 우등생인 칠레도 대통령의 계속 중임을 금지해 사실상 단임제와 마찬가지다. 임기는 원래 6년이었는데 2006년 개헌으로 4년으로 단축됐다. 그래서 칠레 최초의 여성 대통령 미첼 바첼레트의 임기는 아쉬울 정도로 짧다. 1973년 쿠데타 후 오랜 군부 통치를 경험한 칠레 국민은 중임제를 좋아하지 않는 것이다.

남미의 병자(病者) 아르헨티나는 단임제와 중임제를 왔다 갔다 했다. 원래는 임기 6년의 단임제 간선이었는데, 1949년에 직선제와 중임제로 바꾸는 개헌을 했다. 당시 대통령이던 후안 페론은 연임에 성공했지만 1955년 쿠데타로 실각했다. 그 후 다시 단임제로 돌아갔지만 정권은 군부가 좌지우지했다. 1983년 민주화 후에 취임한 라울 알폰신 대통령은 6년 단임에 그쳤지만, 뒤를 이은 카를로스 메넴 대통령은 4년 중임제 개헌에 힘입어 재선에 성공해서 총 10년간 재직했다. 그러나 메넴 대통령의 두 번째 임기는 경제위기와 부패로 얼룩졌고, 퇴임 후 그는 부패 혐의로 재판을 받았다. 연임이 오히려 나쁜 결과를 불러왔다.

1958년에 제정된 프랑스 5공화국 헌법은 대통령의 임기를 7년으로 하고 중임 제한을 철폐했다. 5공화국을 출범시킨 드골 대통령은 두 번째 임기 초에 국민투표에 패배한 후 사임해서 10년간 재직하는 데 그쳤다. 1981년에 취임한 사회당의 프랑수아 미테랑 대통령은 재선에 성공해서 무려 14년간 대통령직에 머물렀다. 하지만 2000년에 대통령 임기를 5년으로 단축하는 개헌이 이뤄져 2002년에 재선된 자크 시라크 대통령의 임기는 올해 5월에 끝난다.

필리핀의 경험은 한국과 매우 비슷하다. 원래는 대통령의 중임을 허용했지만, 페르디난드 마르코스의 장기 독재를 끝내고 제정한 민주헌법은 6년 단임제를 택했다. 2001년 초 필리핀 국민은 '피플 파워'를 다시 한번 행사해서 그들이 잘못 뽑은 조지프 에스트라다 대통령을 몰아내는 데 성공했다.

정부 형태를 의원내각제로 하느냐 대통령제로 하느냐, 그리고 대통령제로 하면 대통령의 임기를 몇 년으로 하느냐, 중임을 허용하느냐 하는 문제는 각국의 역사와 경험에 따라 결정된다. 논리적으로 어떤 제도가 더 우수하다고 말하기 어렵다. 그래서 별안간 단임제를 고치자고 나오는 데는 무슨 곡절이 있을 것이다 생각했다. 아니나 다를까 영토 조항을 차제에 손보아야 한다는 등 여러 이야기가 여권에서 나오고 있다. '대한민국의 영토는 한반도와 그 부속 도서로 한다'는 헌법 제3조를 개정하겠다는 것은 남북 연방제를 하겠다는 말과 같다. 대통령 선거를 앞두고 대한민국의 정체성을 흔드는 엄청난 일을 꾸미기 위해 멀쩡한 단임제에 시비를 걸고 나온 것이다.

2 명예훼손 소송이 난무하는 정치판

동아일보
2007년 6월 25일 자 게재

이명박 전 서울시장의 과거를 둘러싼 검증 공방이 청와대의 고소와 이 전 시장 측의 맞고소 사태로 발전했다. 박근혜 전 대표 측도 청와대와 의 정보공유설이 명예훼손이라면서 이 전 시장 측에 대해 법적 대응을 하겠다고 나섰다. 또한 박 전 대표는 최 아무개와 자신의 관계에 대해 발언한 사람을 명예훼손으로 고소하고 민사소송을 제기했다. 대통령이 되겠다는 사람들과 청와대가 명예훼손 고소로 난타전을 벌이는 것이다.

우리나라에선 명예훼손이 민사상 불법행위일 뿐만 아니라 형법상 범죄이기도 하다. 형법은 사실을 적시해서 명예를 훼손하면 2년 이하 의 징역이나 500만 원 이하의 벌금, 허위사실을 적시하여 명예를 훼손 하면 5년 이하의 징역이나 1000만 원 이하의 벌금에 처하도록 하며, 비방할 목적하에 출판물로 이런 행위를 하면 이보다 더 중한 처벌을 받도록 하고 있다. 그러나 선진국에서 명예훼손은 범죄가 아니고 민사 상 불법행위일 뿐이다.

명예훼손죄는 그 기원을 로마제국에 두고 있다. 15세기 말에서 17세기까지 존재했던 영국의 성좌(星座) 법원은 왕권에 대한 비판을 명예훼손죄로 엄하게 처벌했다. 영국법에서 발전한 명예훼손죄는 식민지 시기에 미국에 도입됐는데, 명예훼손 혐의로 형사재판을 함으로써 툭하면 명예를 걸고 결투를 벌이던 당시의 사회상을 다소 완화했다는 평가를 받기도 했다. 건국 초 미국 의회는 치안법을 제정해서 정부 비방(誹謗)을 범죄로 규정했지만, 법원은 정부에 대한 비판을 비방죄로 처벌할 수 없다고 판결했다.

1964년 미국 대법원은 '뉴욕타임스 대(對) 설리번 사건'에서 정부 비방죄는 자체로서 위헌이며, 공무원은 자신의 명예를 훼손하는 허위 보도가 있더라도 그것이 고의나 중대한 과실에 의한 것이 아닌 한 손해배상을 청구할 수 없다고 판시했다. 다른 판결에서 미국 대법원은 진실 확인 노력을 전혀 하지 않은 경우가 아닌 한, 언론 보도를 명예훼손으로 형사처벌하는 것은 위헌이라고 판시했다. 이 판결 후 많은 주(州)에서 명예훼손죄가 폐지됐으며, 그렇지 않은 주에서도 사실상 사문화(死文化)되고 말았다. 대법원은 정부는 부당하게 비판받더라도 오히려 강화된다면서, 정부가 명예훼손소송을 제기하는 것은 자체가 모순이라고 했다.

유럽의 사정도 다르지 않다. 영국과 북유럽 국가에서 명예훼손죄는 법전 속에서 잠자는 조항으로 전락했고, 프랑스와 독일의 법원은 이를 극히 엄격하게 적용하고 있다. 1986년 유럽 인권법원은 정치인은 자기 자신을 언론과 대중의 검증대에 던진 사람들이기 때문에 가혹한 비판을 수용해야 하며, 언론인에 대해 명예훼손죄를 적용하면 언론의 비판 기능을 위축시킬 것이라고 판시했다. 오늘날 유럽에서 정치인의 명예를 훼손했다는 이유로 유죄 판결을 받는 나라는 러시아와 동유럽 국가뿐이다. 명예훼손죄는 민주주의가 성숙하지 못한 나라에서 정부에 대한 비판을 봉쇄하기 위해 방편으로 사용되고 있는 셈이다.

집권세력이 언론과 야당 정치인을 상대로 명예훼손을 이유로 제소하는 경우가 늘고 있는 우리나라의 상황은 이 점에서 대단히 걱정된다. 노무현 대통령은 임기 초에 자신의 부동산 투기 의혹을 보도한 몇몇 신문사와 야당 의원을 상대로 거액의 손해배상을 요구하는 소송을 제기한 바 있다. 언론 보도에 대해 다양한 수단을 동원해서 적절하게 반박할 수 있는 지위에 있는 대통령이 언론사를 상대로 소송을 제기하는 것은 그 이유가 무엇이든 납득하기 어렵다.

정치인이 상대방 정치인을 명예훼손 혐의로 고소하는 경우가 늘고 있는 것도 문제다. 여권의 한 의원은 한 야당 의원을 상대로 세 건의 명예훼손 고소를 했다니 웃지 않을 수 없다. 정치인은 자기의 정적(政敵)을 얼마든지 비판하고 비난할 수 있는데, 그것을 마다하고 검찰의 힘을 빌리는 것은 졸렬한 소치다. 자신의 명예에 대한 손상이 극심해서 도저히 그냥 넘겨 버릴 수 없다면 상대방에 민사소송을 제기하는 것이 바른길이다.

3 엉뚱한 개헌 논의

시사IN
2011년 2월 26일 자(180호) 게재
원제: 꼴사나운 개헌 정국

도무지 이명박 정부 같은 정권은 보다보다 처음 보는 것 같다. 물가, 청년실업, 전세난 등 민생에는 관심이 없고 바른말을 하는 언론의 입을 틀어막고, 멀쩡한 4대강 파헤치는 데만 열심이다. 와중에 구제역이란 복병을 만났는데, 책임을 돌리고 피해를 축소하기에 급급하다. 이 판국에 정권의 '실세'라는 이재오 장관은 하루가 멀다고 개헌을 하자고 외치고 다니고 있으니 가관이라 아니 할 수 없다.

　이 세상에 완벽하고 완전한 헌법을 가지고 있는 나라는 없다. 대통령제와 의원내각제도 나름대로 장단점을 모두 갖고 있어서 결국은 어떻게 운영하느냐가 관건이다. 영국에서 비롯된 의원내각제는 국왕이 있는 유럽국가와 일본, 그리고 이탈리아, 독일 등이 채택하고 있다. 세계 최초의 민주공화국인 미국이 도입한 대통령제는 3부(府) 간의 '견제와 균형'을 기초로 하고 있다. 대통령제는 중남미와 아시아에 전파됐으나 많은 경우에 대통령이 절대권력을 행사하는 '신(新)대통령제'로 전락했다. 하지만 1980년대에 불어닥친 민주화 바람에 힘입어 칠레, 브라질, 아르헨티나 등은 대통령제를 운영해 오고 있다. 왕정(王政)을 폐지한 아랍국가와 공산체제에서 벗어난 동유럽 국가들도 대체로 대통령제를 시행하고 있다.

제1차 세계대전 후 분권형 대통령제인 2원적 정부제를 운영하던 독일은 혼란 끝에 나치 독재체제를 겪게 됐고, 제2차 세계대전 후에는 순수한 내각제 정부를 택했다. 의원내각제 정부를 오랫동안 운영해 온 프랑스는 1958년 알제리 사태 후 권위주의적 대통령제를 택해서 오늘에 이르고 있다. 우리나라는 자유당 정부의 신(新)대통령제가 10년 이상 유지되어 오다가 4·19를 계기로 의원내각제를 잠시 채택했고, 5·16 후 제3공화국 헌법에 의한 대통령제를 운영하다가 10월 유신으로 인해 다시 신(新)대통령제로 돌아가는 악순환을 경험했다. 우리는 1987년 직선 단임 대통령제 개헌을 해서 오늘에 이르고 있다.

독일과 프랑스, 그리고 우리의 경험에서 보듯이 정부 형태를 바꾸는 것은 큰 정치적 변혁 후에나 가능하다. 정부 형태도 일종의 전통이고 문화이기 때문에 웬만해서는 그것을 확 바꾸기 어렵고 또 그렇게 바꿀 수 있는 것도 아니다. 무엇보다 정부 형태를 바꾸는 개헌은 국민적 합의가 도출될 정도의 계기가 있지 않은 한 불가능하다. 노무현 대통령도 임기 후반기 들어 느닷없이 개헌 이야기를 꺼냈다가 우습게 되고 말았다.

이재오 장관의 주장은 하도 좌충우돌이라서 종잡을 수 없다. 이 장관은 대통령제가 대통령의 독주를 가져온다고 하는데, 그 말은 이명박 정권에 들어맞는 이야기이다. 그렇다면 이 장관부터 독주와 독선에 책임을 지고 국민에 사과하고 정치를 그만두어야 할 것 아닌가. 그가 대안으로 내놓은 분권형 대통령제는 독일의 바이마르 공화국이 무너진 데서 보듯이 작동 불가능한 정부 형태다. 굳이 분권제 개헌을 하지 않아도 대통령제에선 사실상의 분권형 정부가 탄생할 수도 있는데 프랑스에선 그것을 '동거(同居)정부'라고 부른다.

내년 총선에서 민주당이 승리해서 원내 1당이 되고 대선에선 지금의 여론조사대로 박근혜 전 대표가 승리하면, 국회의 다수당과 집권당이 다른 '동거(同居)정부', 또는 '분리된 정부'라고 부를 만한 상황이 발생한다. 그러면 국회의 다수당과 대통령은 협력해야 하는데, 대립과 분열의 정치를 10년 동안 해 온 우리로선 그런 통합형 구도가 한동안은 바람직할 수 있다. 그러나 이재오 장관을 위시한 'MB 계열' 정치인들은 그런 구도에 참여하는 게 아니라 실정(失政)에 대해 심판을 받게 될 것이다.

6·25전쟁 중이던 1952년 우리 정부는 부산에 내려와 있었고, 국군과 미군 등 유엔군 장병들은 전선에서 피를 흘리고 싸우고 있었다. 이런 와중에 이승만 대통령은 자기의 재선을 위해 대통령 선출을 직선으로 하기 위한 개헌을 획책했다. 국회가 직선제 개헌안을 부결하자 이승만 대통령은 국회를 아예 해산하고자 했고, 이에 반대하는 국회의원들

을 구속했다.

　이 소식을 들은 트루먼 대통령은 "우리 아이들이 피를 흘리고 싸우고 있는데, 저게 무슨 꼴이냐?"고 흥분하고, 미군 사령관에게 이승만 대통령을 제거하는 방안을 고려하라고 지시했다. 이승만 정부는 군대를 동원해서 국회를 포위했고, 그런 살벌한 분위기 속에서 7월 4일 국회는 개헌안을 처리했으니 이것이 악명 높은 '발췌 개헌'이다. 이승만 정부가 워낙 속전속결로 개헌안을 처리해서 한국 대통령을 갈아 보라는 트루먼의 지시는 없었던 것이 되고 말았다.

　민심은 MB정권을 뜬 지 오래됐는데, 여당의 '실세'라는 장관이 '개헌, 개헌' 하고 외치고 다니는 모습을 보니 60년 전 트루먼 대통령의 심정이 이해가 간다.

4 '톱투프라이머리' 도입을 제안한다

경향신문
2011년 2월 9일 자 게재

여야는 내년(2012년) 총선에 나설 후보를 '국민경선제'로 선출하겠다고 한다. 지난번 대선 때 열린우리당과 한나라당 일각에선 '오픈 프라이머리(개방형 프라이머리)'를 통해 후보를 선출하겠다고 했지만, 결국 대의원과 기간 당원의 투표에 여론조사 결과를 반영해서 후보를 선출했다. 하지만 여론조사를 가미한 '국민경선제'는 그 정당을 지지하지 않는 유권자도 후보 선출에 참여하기 때문에 정당제도의 정신과 배치될뿐더러 신뢰하기 어려운 여론조사에 따라 후보가 판가름 나는 결과를 초래할 수 있다.

정당 지도부가 후보를 하향 공천하는 방식이 신뢰를 얻을 수 없음은 분명하다. 여당 의원들이 청와대가 명령하는 대로 움직이는 '거수기'로 전락해 버린 원인도 따지고 보면 집권세력이 행사하는 공천권 때문이다. 야당은 야당대로 당 지도부가 공천권을 갖고 의원과 정치 지망생들을 좌지우지하고 있다. 주권자인 국민은 정당의 실세들이 공천이란 이름으로 결정한 후보자를 상대로 투표를 할 수 있을 뿐이니, 주권재민(主權在民)은 공허한 메아리에 불과하다.

후보자를 미국처럼 오픈 프라이머리로 선출하자는 주장은 그 점에서 진일보(進一步)한 것이다. 그러나 오픈 프라이머리라고 해서 누구나 아무런 조건 없이 예비선거에 참여할 수 있는 것은 아니다. 오픈 프라이머리에 참여하는 유권자는 그해 선거에서 자기가 선택한 특정 정당의 예비선거만 참여할 수 있다. 이보다 더 나아간 제도인 '블랭킷 프라이머리(blanket primary)'를 택한 주(州)의 유권자는 주지사, 상·하원 의원, 주 의원, 시장 등 선출직 공무원 후보를 뽑는 예비선거에 아무런 제한 없이 참여할 수 있는데, 미국 대법원은 지난 2000년에 이 제도가 정당의 결사권을 침해한다는 이유로 위헌으로 판결했다.

블랭킷 프라이머리를 시행해 온 워싱턴주는 2004년 주민투표를 통해 프라이머리에 정당 소속과 관계없이 모든 후보자가 참가하고, 그중 최고 득표자 2인이 본 선거에 출마하도록 하는 '톱 투 프라이머리(top two primary)' 제도를 도입했다. 미국 대법원은 이 같은 결선 투표형 예비선거는 정당의 자치권을 해하지 않는다는 이유로 합헌으로 판결했다. 이에 힘입어 캘리포니아주도 2012년 선거부터 '톱 투 프라이머리'를 실시하기로 했다.

'톱 투 프라이머리'를 시행하면 예비선거에는 한 정당에서 여러 명의 후보가 나설 수 있다. 때에 따라서는 예비선거에서 한 정당에 속한 두 명의 후보가 선출되어 본 선거에서 같은 당 후보 2인이 당락을 겨루게 된다. 워싱턴주에선 이 같은 현상이 실제로 일어났다. 이 제도가 정당의 정체성을 해한다는 이유로 반대하기도 하지만, 워싱턴과 캘리포니아의 유권자들은 주권재민 원칙에 더 부합한다고 보고 있다. 미국의 프라이머리는 폐쇄형에서 개방형으로 발전해 왔는데, 캘리포니아가 '톱투 프라이머리'를 채택해서 다른 주가 이를 본받을지 주목된다.

나는 우리나라가 총선과 지방선거에 '톱 투 프라이머리'를 도입할 만하다고 생각한다. 이 제도를 도입하면 정당은 공천권을 상실하게 되어서 여당 의원이 거수기가 될 일도 없고, 공천을 두고 검은돈이 오고 갈 이유도 없다. 공천에서 탈락하면 탈당해서 무소속으로 출마하고, 당선되면 다시 정당에 입당하는 우스운 일도 생기지 않는다. 우리가 이 제도를 실행했다면 작년 6월 지방선거 때 예비선거에서 2위를 한 야권 후보가 서울시장과 경기도지사에 당선됐을 것이다. 무엇보다 여야 텃밭에서의 '공천이 곧 당선'이란 공식이 없어지게 된다. 많은 경우 경북·대구와 호남의 유권자들은 본 선거에서 같은 정당 후보 2명 중 한 명을 선택하게 될 것이다.

이로 인해 정당의 기능이 저해될 것이라는 비판도 있지만, 특정 후보를 지지하고 정책을 홍보하는 정당의 기능은 영향을 받지 않을 것이다. '톱 투 프라이머리'를 실시한다면 법을 고쳐 선거관리위원회가 이를 직접 관장해서 공정성을 담보하도록 해야 할 것이다.

5   '대선 불복'의 역사

시사저널
2013년 11월 5일~12일 자(1255호) 게재

지난해(2012년) 대선 기간 중 국정원 직원들이 댓글과 트위터 등을 통해 선거에 간여했다는 의혹이 '대선 불복' 공방으로 이어지고 있다. 새누리당 지도부가 야당의 문제 제기에 대해 "대선에 불복하는 것이냐?"고 치고 나오자 민주당은 "대선 불복은 아니다"라고 물러섰다. 그런데 문재인 의원이 "박근혜 대통령이 수혜자"라고 받아치자 '대선 불복' 논쟁이 다시 불붙고 있다. 선거법상 제소 기간이 지나서 대선 불복 논란이 무의미하다고 말하기도 한다.

하지만 대선 불복은 정치적 맥락으로 이해해야 한다. 대선에서 패배한 측이 선거의 효력을 다투는 법적 절차를 직접 진행했던 경우는 2002년 대선 후에 한 차례 있었지만, 정치적 의미로서 대선 불복은 사실 그동안 우리 정치사에서 끊이지 않았다.

1956년 대통령 선거는 민주당 후보였던 신익희 전 국회의장이 급서(急逝)하는 바람에 제1야당 후보가 없이 진행됐다. 신 전 의장이 출마했더라면 정권 교체가 이루어졌을 수도 있었을 터이니 민주당은 물론이고 많은 국민이 대선 결과를 내심 인정하지 않았다. 1960년 대선에서도 민주당 후보였던 조병옥 박사가 급서해서 이승만 대통령이 당선됐지만, 많은 국민은 그 결과를 받아들이지 않았다. 더구나 이기붕 의장을 부통령으로 당선시키기 위해 광범위한 선거 부정이 있었음이 확인되자 학생 시위가 일어나서 자유당 정권은 종말을 고했다.

1963년 대선에서 박정희 후보에게 근소한 표차로 패배한 윤보선 전 대통령은 서울 등 도시 지역에서 자신이 승리했음을 들어 "내가 정신적 대통령이다"라고 했으니, 이 또한 대선 결과에 불복하는 표현이라 하겠다. 1971년 대선에서 신민당 후보 김대중은 박정희 대통령에게 95만 표 차이로 졌다. 신민당은 "100만 표 이상의 부정이 있었다"며 선거 무효를 주장했고, 이렇게 시작된 대치 정국은 이듬해 '10월 유신'이란 파국을 맞았다.

1987년 대선에서는 야권의 3당이 분열되는 바람에 민정당의 노태우 후보가 36.6%라는 과반에 훨씬 못 미치는 적은 표로 당선됐으니, 야권을 지지한 유권자들은 선거 결과에 승복하지 않았을 것이다. 2002년 대선 후에는 한나라당 의원들 사이에서 "김대업 병풍(兵風) 때문에 억울하게 졌다"는 정서가 팽배했고, 그런 분위기가 노무현 대통령에 대한 탄핵 사태로 이어졌다. 2007년 대선에서 민주당의 정동영 후보는 이명박 한나라당 후보에 큰 표차로 패배했다. 하지만 야권은 BBK와 도곡동 땅 의혹에 대해 검찰이 부당한 판단을 했다는 '대선 불복' 심정을 갖고 있었다.

미국 역사상 가장 비극적인 사건인 남북전쟁 또한 사실상 '대선 불복'에서 비롯됐다. 1860년 대통령 선거에서 노예제에 반대하는 링컨이 당선되자 남부 주(州)들은 연방 탈퇴를 선언했고, 결국 남북전쟁이 일어나 4년 동안 60만 명이 사망했다. 1860년 대선에서 공화당 후보 링컨은 민주당이 남부와 북부로 분열된 덕분에 유효 투표의 40%도 얻지 못했음에도 선거인단 득표에서 과반을 차지해 대통령에 당선됐다. 남부 주들은 선거 결과에 승복할 수 없었고, 결국 연방 탈퇴를 선언했다. 노예 제도에 중립적인 존 벨을 지지했던 버지니아주와 테네시주마저 연방을 탈퇴하자 노예 문제를 평화적으로 해결할 기회는 사라지고 말았고 전쟁을 알리는 포성(砲聲)이 시작됐다.

6   국무총리, 과연 필요한가?

경향신문
2015년 2월 17일 자 게재

1987년 6월 민주혁명을 계기로 대통령 직선제 개헌이 논의될 당시의 일이다. 직선제 개헌을 한다는 데는 국민적 합의가 이루어졌지만, 어떤 대통령제를 도입할 것인가를 두고 법학자와 전문가들 사이에서 많은 논의가 있었다. 소장 학자들은 4년 임기에 재임을 가능하게 하고 부통령을 두는 방안을 선호했다. 반면 중진 학자들은 단임제로 하고 국무총리를 두는 안을 주장했다. 개헌 논의를 주도하던 정부는 5년 단임과 국무총리를 두는 안에 무게를 두었다. 직선제 개헌을 이끌어 낸 김영삼, 김대중 등 당시 야권 지도자들은 이 문제에 대해 큰 관심이 없었던 것으로 기억된다.

러닝메이트로 대통령과 함께 선출되는 부통령은 2인자로 부각되기 마련이라서 대통령이 절대적 권력을 향유해 왔던 우리의 정치 경험상 생소할뿐더러, 대통령은 행정부 수반이기에 앞서 국가원수이자 통치권자이기 때문에 내각을 통할하는 국무총리가 필요하다는 견해가 당시에는 지배적이었다. 이렇게 해서 5년 단임 직선제 대통령에 국무총리를 두는 현행 헌법이 탄생했다.

노태우 대통령은 명망가를 국무총리로 임명해서 야당과 비판 세력에 대한 방탄막으로 이용했다. 3당 합당 전까지 여소야대(與小野大) 정부를 운영해야 했던 노태우 대통령으로선 이현재, 강영훈 같은 총리의 도움이 절실했다. 김영삼 대통령은 이회창, 이홍구, 이수성, 고건 등 잠재적 후계 그룹을 총리로 기용했다. 김영삼 대통령은 총리 자리를 차기 대통령감을 키우는 자리로 보았던 것이다.

김대중 대통령은 국무총리 자리를 'DJP 연합'의 도구로 사용해서 김종필, 박태준, 이한동 자민련 총재가 연이어서 총리직에 올랐다. 노무현 대통령은 자신에 대해 불안감을 갖고 있을 수 있는 보수층을 인식해서 고건 전 총리를 첫 총리로 기용했고, 정권이 안정되자 이해찬, 한명숙 등 정치적 동반자를 총리로 앉혔다. 이명박 전 대통령은 정운찬 전 서울대 총장을 총리로 기용해서 세종시 문제를 해결하고 후계자로 키워 볼 생각을 했다. 그러나 박근혜 의원의 반대에 부딪혀 정 총리는 반쪽 총리로 전락했고, 그 후엔 관리형인 김황식 총리에 만족해야만 했다.

박근혜 대통령은 선거운동 기간 중 책임장관제를 하겠다고 약속했지만 다른 대선 공약과 마찬가지로 이 약속 또한 공허하게 되고 말았다. 세종시로의 정부 부처 이관을 약속한 박 대통령으로선 책임내각제를 운영해야 할 현실적 이유가 있었다. 총리는 물론이고 대부분 부처가 세종시로 내려간 상황에서 청와대가 전처럼 친정(親政)을 하다가는 정부가 마비될 것이 분명했기 때문이다. 말하자면 웬만한 사안은 세종시에서 총리와 내각이 스스로 결정하고, 총리가 정기적으로 대통령을 만나 대통령의 의중을 파악하고 내각의 의견을 전달하는 구도가 되어야 세종시가 행정수도로서 기능할 수 있는 것이다.

하지만 박 대통령은 밤새워 보고서를 읽고 모든 사안을 일일이 지시하는 만기친람(萬機親覽)형 미시(微視) 관리를 하고 있어 총리는 아무런 용도가 없는 존재가 되고 말았다. 박근혜 정부에서 총리는 행사에 참석해서 인사말이나 하고, 국회에 나가서 내용 없는 답변이나 하는 신세로 전락했다. 소신형 장관을 찾아볼 수 없는 행정부이다 보니 명색이 행정수도라는 세종시에선 어떠한 결정도 이루어지지 못하고 있으며, 총리와 장관은 세종시와 서울 사이를 끝없이 떠도는 유랑객이 되고 말았다. 사정이 이렇다면 이명박 대통령의 세종시 수정안에 반기(反旗)를 들고 행정수도를 관철한 박 대통령에게 적잖은 책임이 있다고 보아야 한다.

하는 일도 없는 총리이지만 총리라는 자리에 대한 국민의 눈높이가 높기만 한 것도 아이러니다. 박근혜 정부는 대통령이 총리를 못 구해서 정부 자체가 골병이 든 형상이다. 돌이켜 보면 대통령제 정부에 어정쩡한 총리를 둔 것 자체가 문제였다. 권위주의 시대의 대통령은 총리를 통치 수단으로 이용했고, 1987년 개헌 후에도 총리는 여소야대 정국에서는 방탄용으로, 연립정부에서는 연정 파트너를 위한 배려용 자리로 이용됐다. 헌법은 총리가 국정을 통할한다고 규정하지만 그런 기능을 비슷하게나마 했다고 평가받을 총리는 한두 명 있을까 말까 하다.

기회가 되면 개헌을 해서 총리라는 자리를 아예 없애는 것이 바람직하지만 그것이 어렵다면 다른 방안을 찾아야 한다. 예를 들면, 경복궁 위에 베르사유궁전처럼 버티고 있는 청와대를 버리고 세상으로 내려와서 총리와 함께 국정을 이끌어 갈 사람을 대통령으로 뽑는 것이다

7 국회선진화법이 문제인가?

매일신문
2015년 5월 15일 자 게재

여야가 힘들게 합의를 통해 이루어 놓았던 공무원연금 개혁법안이 무산되자, 서로 책임을 떠넘기는 등 국회가 겉돌고 있다. 새정치민주연합은 4·29 재보선 패배에 따른 당내 갈등이 내분 양상으로 발전하고 있고, 새누리당은 청와대와의 관계를 두고 잡음이 일고 있다.

공무원연금 개혁법안이 처리되지 못하자 이것이 국회선진화법 때문이라는 볼멘소리가 나오고 있다. 국회선진화법은 2012년 4·11 총선 전에 박근혜 대통령이 새누리당 비상대책위원장을 지낼 때 새누리당이 제안해서 여야 합의로 통과된 국회법 개정 법률이다. 이 법은 쟁점 법안의 경우 재적의원 5분의 3 이상이 찬성해야만 신속하게 처리할 수 있도록 해서 단순 과반수를 장악한 여당의 일방적인 날치기 통과를 불가능하게 했다. 하지만 이 법안이 야당에 유리하지만도 않다. 법정 기한 내 예산안 처리를 위해 국회의장에게 권한을 부여했고, 물리력을 통한 의사방해에 대해 엄중한 제재를 가할 수 있도록 했기 때문이다.

국회선진화법에 대한 불만은 새누리당 쪽에서 나오고 있다. 일각에서는 국회선진화법 조항이 다수결 원칙을 침해하기 때문에 위헌이라고 주장하기도 한다. 그러나 재적의원 5분의 3이 찬성해야 신속하게 처리할 수 있게 한 조항은 미국 상원 의사 규칙에도 있다. 미국 상원은 의원들의 끝없는 토론을 종식하고, 표결에 회부시키기 위해선 60% 찬성을 거치도록 하여 결국에는 양당이 대화와 타협을 한 후에 표결할 수밖에 없다. 의회 지도자들이 인내를 갖고 협상을 하도록 해서 단순 과반수 의사결정이 가져올 수 있는 폐단을 최소화하도록 한 것이다.

국회선진화법이 위헌이라는 주장은 대통령제가 '견제와 균형'에 근거하고 있음을 망각한 것이다. 미국 헌법과 우리 헌법은 대통령에게 국회를 통과한 법안에 대해 거부권을 행사할 수 있도록 하고 있다. 대통령의 거부권은 '견제와 균형' 원칙으로만 설명이 가능하다. 마찬가지로 국회선진화법도 권력분립 원칙에 부합한다고 보아야 한다.

국회선진화법은 새누리당이 제안해서 통과된 법률이기에 새누리당이 국회선진화법을 폐지하자고 주장하는 것은 정치적 신의를 저버리는 일이다. 2012년 총선 전에 새누리당은 박근혜 대통령이 이끄는 비상대책위원회 체제였고, 필자는 비상대책위원이었다. 이명박 대통령의 독단적인 국정에 이끌려 가던 한나라당은 2010년 지방선거와 재·보선에서 연거푸 패배함으로써 당 지도부가 와해 지경에 이르렀고, 결국에는 박근혜 대통령이 구원투수로 나서게 됐다.

한나라당이 그렇게 된 데는 청와대의 지시에 따라 한나라당이 각종 법안과 예산안을 번번이 날치기 통과시킨 것이 크게 작용했다. 이에 원희룡, 남경필 등 쇄신파 의원들이 미국 상원에서와 같은 의사 규칙을 만들자고 제안하기에 이르렀다. 박근혜 대통령이 이끌던 새누리당 비상대책위원회는 이 제도를 정치쇄신책으로 추진하기로 하고, 아울러 야당의 의사방해도 금지하는 조항을 추가해서 제안한 것이 국회선진화법이다.

당시 새누리당 비상대책위원회가 국회선진화법을 추진한 데는 정치적 의도도 없지 않았다. 당시 4·11 총선에서 새누리당이 과반 의석을 차지할 것으로 본 사람은 없었다. 새누리당이 135석 정도를 차지할 것으로 예측했기 때문에 그런 의석 구도하에서 국회선진화법은 새누리당의 입지를 도와줄 법률이었다. 더 중요한 문제는 그해 12월에 있을 대통령 선거였다. 만일에 그해 대선에서 새누리당이 패배한다면 국회선진화법은 새누리당이 갖게 될 마지막 무기였다.

국회선진화법을 제안한 새누리당 비상대책위원회에는 황우여 부총리, 이주영 의원, 권영세 전 의원이 원내대표, 정책위의장, 그리고 사무총장으로 참여했다. 이들은 모두 법률가 출신이고, 필자 역시 법학 교수였다. 그중 어느 한 사람도 국회선진화법이 위헌이라고 생각하지 않았고, 박근혜 위원장도 그러했다. 새누리당이 국회선진화법을 폐지하자고 주장하는 것은 자가당착이고 자기부정이다.

8 전관예우와 회전문 인사

매일신문
2015년 5월 29일 자 게재

황교안 법무부 장관을 국무총리 후보로 지명하자 그가 1년 동안 변호사로 일하면서 받은 수임료 15억 원이 또다시 도마 위에 오르고 있다. 법무부 장관 인준 청문회를 할 때도 그 점이 걸렸는지 황 장관은 수임료를 기부하겠다고 약속했다. 이 같은 고액 수임료 논란은 황 장관의 경우에 국한된 것이 아니다. 작년에는 총리 후보로 지명됐던 안대희 전 대법관이 변호사 개업 후 불과 몇 달 만에 10억 원이 넘는 수임료를 받아 논란 끝에 자진 사퇴를 했고, 이명박 정부 시절에는 감사원장으로 지명된 인사가 역시 과다 수임료 논란 끝에 사퇴했다.

　고액 수임료가 문제가 되는 이유는 수임료 자체가 고액이기도 하지만, 전관예우를 이용해서 사건을 수임하고 고액 수임료를 챙겼다는 의혹을 사기 때문이다. 인사청문회에서 고액 수임료가 문제가 되더라도 이들이 어떤 사건에서 누구로부터 이런 거액을 받았느냐는 제대로 밝혀진 적이 없다. 변호사와 의뢰인 간의 신뢰 보호를 이유로 자료 제출을 거부하기 때문이다.

사실 더 중요한 것은 어떤 사건을 맡아서 그 같은 거액을 받았느냐 하는 점이다. 황교안 총리 후보자와 정홍원 전 총리는 모두 검찰 출신이고, 안대희 전 대법관도 검찰 출신이다. 이들처럼 검사를 오래 하다가 퇴임하고 변호사를 하게 되면 주로 형사사건을 담당하게 된다. 검사 출신 변호사들은 회사법, 주식거래법, 지식재산권 등 복잡한 비즈니스 관련 법률에 대해 깊은 지식을 갖고 있지 못하다. 그 때문에 이들을 찾는 의뢰인은 검찰의 칼끝에 서게 된 부유층인 경우가 대부분이다.

상황이 이렇다면 검찰 고위직을 지내고 퇴임한 지 얼마 안 되는 변호사들은 자신이 지휘했던 후배 검사와 법정에서 승부를 겨루는 셈이다. 이런 관계가 법정 내에 국한되면 그나마 다행이고, 많은 경우 이들은 검찰에 있는 후배에게 연락해서 자신들에게 유리한 결정을 얻어 내려 할 것이다. 이것이 바로 '전관예우'라는 우리 법조계의 고질적 병폐인데, 이런 악습이 있어 부유한 피고인들이 거액을 들여서 이들을 고용하는 것이다.

변호사를 흔히 '고용된 총잡이'라고 부르듯이 변호사가 돈을 받고 의뢰인을 대리하고 변론하는 것을 비난할 수는 없다. 또한 법원과 검찰에서 오랫동안 일하고 퇴직했더라도 한창 일할 수 있는 이들이 변호사 개업하는 것을 탓할 수는 없다. 하지만 고위 법관이나 검찰 간부를 지낸 변호사들이 후배가 재판장이나 검사로 나오는 법정에 나가서 변론하는 모습은 우리나라에서나 볼 수 있는 풍경이다. 사안이 큰 민사재판이나 유력한 피고인에 관한 형사재판에선 대법관과 검찰 간부를 지낸 변호사들이 한꺼번에 북적대는 모습을 볼 수 있다.

　고위 법관과 검찰 간부를 지낸 이들이 주로 부유층을 대리하면서 법정에 나타나는 모습도 좋지 않지만, 더욱 기막힌 일은 이들이 법무부 장관이나 국무총리로서 국민 앞에 다시 나타나는 현상이다. 그러다 보니 그런 사람들이 아니면 총리와 장관으로 기용할 만한 사람이 없는가 하는 볼멘소리가 나오고 있다. 이런 시비가 생길 가능성이 없는 인사를 기용하면 되겠지만 박근혜 대통령의 인사 수첩은 그리 두껍지가 않아 보인다.

　정부 고위 관리를 지내다가 퇴직 후 로펌 고문을 거쳐 다시 장관 등 정무직에 나서는 경우도 문제다. 공무원들은 업무와 관련된 분야에서 일정 기간 취업할 수 없게 되어 있지만 로펌에서 자문하는 경우는 그런 제한이 적용되지 않는다. 퇴직 관료들이 로펌에 있으면서 하는 일은 대기업과 외국기업을 상대로 한 컨설팅인데, 명목이 컨설팅이지 실상은 공무원으로 있으면서 취득한 지식과 경험, 그리고 인맥을 돈을 받고 대기업과 외국기업을 위해 제공하는 것이다. 이들이 '회전문 인사'를 통해 또다시 고위 정무직에 기용된다면 이들은 국민을 위해 일하기보다는 자신에게 고액 수임료를 준 이익집단을 위해 봉사할 가능성이 커진다. 금융위원회나 공정거래위원회 같은 규제 기구의 경우는 그럴 가능성이 특히 농후하다. 이런 위원회에서 퇴직한 후 로펌에서 고문을 지내는 것 자체를 비난할 수는 없다. 하지만 이들을 다시 중요한 정무직에 기용하는 회전문 인사는 문제라고 할 것이다.

9 　　개혁 신당의 성패

시사저널
2015년 7월 28일~8월 4일 자(1346호) 게재

요즘 야권에선 하루가 멀다고 탈당이니 분당이니 하는 말이 나오고 있다. 시중에 나도는 신당설은 대체로 두 가지다. 하나는 호남 정치권 일부가 새정치민주연합에서 이탈해 호남 신당을 만드는 경우고, 또 하나는 중도 개혁을 내세우고 야권 일부에 여권 인사와 정치 신인이 가담하는 제3지대 정당이 탄생하는 시나리오다.

　가능성 여부를 떠나 많은 국민이 보고 싶어 하는 모습은 개혁 신당일 것이다. 정쟁(政爭)에 몰입하는 기존 정치권에 질려 버린 유권자들이 새로운 정치 세력의 등장을 원하고 있음은 분명하다. 대중의 이 같은 희구(希求)는 새삼스러운 것이 아니다. 2011년에 시작된 '안철수 현상'이 바로 그런 것이었다. 하지만 안철수 의원은 자신에게 주어진 에너지를 현실 정치에 반영시키는 데 실패했다.

　실체는 없지만 꾸준히 이야기되고 있는 제3지대 개혁 정당은 안 의원에게 기대를 걸었던 국민의 여망에 부응하는 것이다. 그러나 현행 소

선거구제하에서 제3당이 자리 잡기는 어렵다. 1987년 개헌 후 김영삼 대통령이 이끌었던 통일민주당의 경우를 보면 제3당의 어려운 상황을 알 수 있다. 1988년 총선에서 통일민주당은 전체 유효 투표의 23.8%를 얻었지만 당선자는 59명에 불과해 제3당이 되고 말았다. 반면에 김대중 대통령이 이끌었던 평화민주당은 유효 투표의 19.3%를 얻었지만 70석을 확보해 제2당이 됐다. 김영삼 대통령이 3당 합당에 나서게 된 것도 소선거구제하에서 통일민주당이 제3당을 벗어나기가 어렵다는 현실적 판단 때문이기도 했다.

당시의 통일민주당과 비슷한 모습은 오늘날 영국 자민당에서 볼 수 있다. 영국은 인구가 6450만 명이고 하원 의원 숫자는 650명이며, 양대 정당은 보수당과 노동당이고 소선거구제를 두고 있다. 영국에서는 19세기 말까지 보수당과 자유당이 양대 정당이었다. 그런데 20세기 들어서 노동당이 부상하자 자유당은 1920년대부터 군소 정당으로 전락했고, 1988년에 노동당에서 이탈한 사민당과 합쳐서 자민당이 되었다. 자민당은 좌나 우에 치우치지 않고 개혁을 추구하는 정당을 표방했다. 1992년부터 2010년까지 총선에서 유효 투표의 17~23%를 얻었으나 하원 의석은 전체 의석의 3~10%를 차지하는 데 그쳤다. 2015년 총선에서는 득표율 7.8%에 전체 의석의 1.8%에 불과한 8석을 얻는 참패를 기록했다.

창당에 소요되는 자금 등 현실적 문제를 극복한다고 하더라도 소선거구 제도하에서 영국 자민당 같은 제3지대 개혁 신당이 설 땅은 척박하다. 그렇다면 우리의 상황에서 개혁 신당이 성공할 가능성은 전혀 없다고 할 것인가. 그렇지는 않다고 본다. 박근혜 정권의 실패와 새누리당의 퇴영적인 모습, 그리고 제1 야당이란 기득권에 안주하고 있는 새정치민주연합의 모습은 어느 때보다도 그런 세력의 등장을 요구하고 있기 때문이다. 개혁 신당이 출현한다면 2016년 총선은 물론이고 2017년 대선이 새로운 양상을 맞게 될 것이다. 개혁 신당은 제3당에 안주하지 않고 한국 정치의 지형을 바꾸는 큰 그림을 지향해야 성공할 수 있다고 생각한다.

10 선거제도 논란

시사저널
2015년 8월 25일~9월 1일 자(1349호) 게재

내년(2016년) 총선을 앞두고 권역별 비례대표제와 완전국민경선(오픈 프라이머리) 제도를 둘러싼 여야 간 논쟁이 치열하다. 새정치민주연합은 자신들이 추진하는 권역별 비례대표제와 새누리당이 추진하는 완전국민경선제를 동시에 시행하자고 제안했지만, 새누리당 김무성 대표는 완전국민경선제만 실시하고 비례대표는 의석을 줄이자고 주장한다.

김무성 대표는 모든 정당이 완전국민경선을 한날에 하자고 주장하는데, 이 역시 선거 때마다 나왔던 해묵은 이야기다. 하지만 당헌·당규에서 정한 상향식 공천도 정착시키지 못하면서 완전국민경선제를 전국에 걸쳐 시행하자는 데는 무리가 많다.

오픈 프라이머리는 미국만의 특유한 제도이고, 미국 전체가 시행하고 있는 것도 아니다. 20세기 초 공화당 지배하에 있던 미국 북부에선 공화당 후보가 자동으로 당선되다시피 했는데, 이런 상황을 고려해 후보를 당 간부 회의가 아닌 당원 투표로 결정하도록 한 것이 프라이머

리의 유래다. 그러다가 당원이 아닌 일반 유권자도 경선에 투표할 수 있게 됐으니 이것이 오늘날의 오픈 프라이머리다.

오픈 프라이머리는 일반 유권자가 후보를 선출하기 때문에 외관상으로는 대단히 민주적이다. 반면 비례대표제는 유권자가 정당에 투표할 뿐이라서 의원 개개인의 민주적 대표성이 떨어진다. 비례대표제는 서유럽의 의원내각제 국가에서 각 정당이 선거에서 얻은 전체 투표수 비율에 따라 의원 숫자를 배정받도록 하기 위한 제도로 발전되어 왔다.

제3공화국 헌법에 의해 도입된 우리나라 비례대표제는 5·16 주체세력의 작품이었다. 정계 진출을 도모하던 주체세력 인사들 가운데 출마할 지역구가 마땅치 않은 이북 출신이 국회에 진출하고, 정권의 간판으로 내세울 명망가와 전문가 그룹을 국회로 진입시키기 위함이었다. 1987년 민주 개헌이 이루어져 각 정당이 획득한 유효 투표에 비례해서 비례대표 의석이 배분되게 되었고, 헌법재판소가 정당 투표를 별도로 하도록 결정함에 따라 오늘날의 비례대표제로 자리 잡았다.

비례대표 의원은 경선은커녕 본선도 치르지 않고 국회에 진입하기 때문에 말이 많다. 선거에 부담을 느끼는 우수한 인물을 정치권으로 불러들이는 순(順)기능도 있고, 그렇게 정치권에 들어온 인사 중에는 정치적으로 성공한 사람도 있다. 하지만 비례대표는 정당 지도부나 계파 수장이 자신에게 할당된 지분에 따라 의석을 배분한다는 비판을 듣고 있다.

오픈 프라이머리를 시행하면 지역구 의원이 되고자 하는 후보는 선거를 두 번 치르게 되며 정당 지도부의 역할은 축소된다. 반면 하향식으로 임명되다시피 하는 비례대표 의원 선정에서 정당 지도부의 역할은 결정적이다. 미국의 국회의원이 권위가 있는 것은 국가 규모에 비해 의원 숫자가 적기도 하거니와 이들이 프라이머리와 본선을 거쳐 힘들게 당선되기 때문이다.

　미국에는 비례대표제가 없지만 그렇다고 해서 미국 정치가 비민주적이라고 말하지는 않는다. 유럽은 국회의원 숫자도 많고 비례대표도 많아 국회의원 개개인의 권위는 미국에 비할 바가 아니다. 오픈 프라이머리와 비례대표제가 과연 함께 갈 수 있는 것인지에 대해서도 생각해 봐야 한다.

Ⅳ 사학법·로스쿨·대학

1   노 대통령의 사학법 인식

문화일보
2006년 1월 20일 자 게재
원제: 盧 대통령의 사학법 인식 수긍할 수 없다

노무현 대통령의 신년연설 가운데 앞으로의 국정 운영을 가늠해 볼 수
있게 하는 대목 중의 하나는 사립학교법 개정에 관한 부분이다. 노 대
통령이 "사학법 개정도 우리 사회의 투명성을 높여 가기 위한 것"이라
며 "재산권을 박탈하거나 교육을 간섭하려는 것이 아니라는 점을 이해
해 주기 바란다"고 말했기 때문이다. 대통령은 이 문제를 두고 야당과
대화할 의도가 없으며, 기독교 등 종교계의 반대에도 개의치 않겠다고
선언한 것이다.

　노 대통령은 사학법 개정이 사학의 '투명성'을 높이는 일이라고 했
다. 열린우리당이 사학법 개정안을 국회에 제출할 당시 원내대표였던
천정배 법무부 장관도 사학법 개정은 '사학의 공공성과 투명성'을 제고
하기 위함이라고 밝힌 바 있으니, '공공성'과 '투명성'은 사학법 개정의
논리인 셈이다.

　그러나 교육에 있어 가장 중요한 점은 학교에 자율성을 보장하고, 교

육 소비자인 학생과 학부모에게는 학교를 선택할 기회를 제공하는 것이다. 우리나라 교육은 평준화로 인해 교육 소비자가 학교를 선택할 기회를 상실해 버린 것이 가장 큰 문제인데, 이제는 사유재산인 사립학교의 운영권마저 심각하게 제약하려 하고 있다.

노 대통령은 개정 사학법이 사학의 재산권을 박탈하거나 교육을 간섭하는 것은 아니라고 하나 이 역시 수긍하기 어려운 논리이다. 미국 연방대법원은 19세기 초에 사립학교의 정관은 헌법에 의해 보호되는 계약으로, 정부가 일방적으로 변경할 수 없다고 판시한 적이 있다. 비록 19세기의 판결이기는 하나 사립학교 정관의 중요성을 일깨워 주는 사례가 아닐 수 없다. 개정 사학법은 사학에 대한 통상적인 규제를 넘어서 사학의 지배구조 자체를 훼손한다는 점에서 '투명성'을 들어 간단하게 설명할 수 있는 사안이 아니다. 모든 문제를 '공공성'과 '투명성'을 내세워 재단(裁斷)하는 요즈음의 우리나라 풍조는 바람직하지 않을뿐더러 위험하기도 하다.

물론 교육 그 자체는 공공적 가치를 갖고 있다. 하지만 그런 목표를 달성하기 위해서 교육기관 간의 경쟁이 필수적이라는 엄연한 사실을 간과해서는 안 된다. 기업 간의 자유로운 경쟁이 있어야 국민이 좋은 상품과 서비스를 향유할 수 있게 되며, 이로 인해 국민 전체의 후생복지가 향상되는 것과 마찬가지다. 자율과 경쟁을 허용해야 교육이 바로 서고, 그래야만 국민 전체를 위한 후생복지가 증진된다.

노 대통령은 또한 교육 개방을 추진할 것이라고 밝혔는데, 학교의 자율성을 제약해 놓은 상태에서 그것이 가능한지는 알 수 없다. 오늘날 수많은 어린 학생이 부모 곁을 떠나 조기유학을 가는 중요한 이유 가운데 하나는 국내에선 학교를 선택할 수 없기 때문이다. 심지어 학생들을 가르치는 교사들의 자녀들도 조기유학 대열에 참여하고 있고, 평준화와 개정 사학법에 찬성하는 여당 의원들 가운데에도 그런 경우가 적지 않을 것이니 식당 주인이 자기가 못 먹을 밥을 손님에게 파는 격(格)이 아닐까.

　사학법 개정에 대해 이해를 구한다면서 사실상 이를 그대로 밀고 나갈 것을 밝힌 대통령의 말에서 '권력의 오만(傲慢)' 같은 것을 느끼게 된다. 영하의 날씨를 무릅쓰고 장외투쟁을 하는 야당 대표와 의원들, 이례적으로 주교 회의를 소집하고 철야 기도를 하면서 반대를 분명히 한 천주교와 개신교, 아예 학교 문을 닫겠다고 절규하는 사학인들은 대통령의 눈에 그저 하찮게만 보이나 보다.

2 사학법, 어정쩡한 재개정은 안 된다

동아일보
2007년 3월 2일 자 게재

2005년 국회를 통과한 개정 사립학교법은 '공공성'이란 주문(呪文)을 앞세워 사학의 사적(私的) 자치와 재산권을 침해하는 위헌적인 악법이다. 사학계와 종교계의 거센 반발에 봉착한 정치권이 뒤늦게 재개정을 논의하고 있으나 종교계 사학과 기타 사학을 구분하려는 등 불순한 의도를 버리지 않고 있어 과연 원만하게 처리될지 알 수 없다.

개정 사학법은 사학법인 이사의 일정 수를 학교운영위원회 또는 대학평의회가 추천하는 인사 중에서 임명하도록 하고, 관할 관청이 사학법인 임원의 취임 승인을 취소할 수 있는 사유를 확대하는 등 사학에 대한 간섭을 대폭 강화했다. 이 조항들은 헌법이 보장하는 사학의 자유를 침해하기 때문에 국회가 재개정하지 않으면 결국 헌법재판소의 판단에 회부될 것으로 생각된다.

2005년에 개정된 조항뿐만 아니라 이제는 사학법 전반에 대한 근본적 재검토가 필요하다. 사학법은 일제강점기의 총독부 정책에 뿌리를 두고 있어 사학을 옥죄는 면이 많다. 한일강제합방 직후 일제가 제정한 사립학교 규칙은 사학 설립에 총독부의 인가를 받도록 하고, 학교장과 교원의 변경에도 총독부의 승인을 받도록 했다. 이로 인해 불과 5년 만에 2000개가 넘던 민족 사학이 절반으로 줄어들었다.

지금같이 정부가 사학의 임원 취임을 승인하고, 일정한 경우에는 정부가 임원 승인을 취소하고 임시 이사를 파견할 수 있게 된 것은 5·16 군사 정변 이후부터다. 부정부패 일소를 혁명 공약으로 내걸었던 당시 군사정부가 이 같은 법률을 만든 것이다. 그러나 정부는 이 권한을 매우 조심스럽게 행사했고, 그 때문에 학생 선발권 등 자주적 권한을 상실한 우리의 사립학교도 지배 구조만은 보장을 받아 왔다.

하지만 근래에 들어 사립학교는 일단 설립 인가를 받으면 설립자의 손을 떠나서 공공에 위탁된다는 이상한 논리가 성행하더니, 학내 분규를 이유로 정부가 임시 이사를 파견해서 사학을 사실상 '접수'하는 것이 다반사가 되고 있다. 어떤 사립학교에선 임시 이사가 학교 재산을 탕진했는가 하면, 또 어떤 학교에서는 임시 이사가 멋대로 정식 이사를 선임하기도 했다. '공공성'이란 미명(美名)을 내걸고 사유재산권을 허물려는 시도가 사립학교에서 여실히 드러난 셈이다.

이런 문제는 임원 승인권과 취소권을 정부에 부여한 사립학교법에서 비롯한다. 사실 사립학교법이란 특별법을 두고 있는 나라는 우리나라 외에 일본과 대만 정도이다. 그나마 일본과 대만의 법에는 임원 승인이나 임시 이사 같은 제도가 없다. 사립학교가 많은 미국의 사립학교는 단순히 사법상 행위로 설립될 뿐이다. 하버드 등 명문 사립대는 설립자가 재산만 기탁할 뿐 운영에는 일절 간여하지 않았는데 그것은 설립자가 그렇게 의도했기 때문이다. 반면 조지타운, 로욜라, 웨슬리언 등 가톨릭 및 개신교 교단이 세운 사립대는 교단이 경영하고 있다. 종교계 대학의 이사회 구성에 대해 정부가 간여한다는 것은 미국에선 상상할 수도 없다.

미국에서도 개인이 사재를 들여 사립학교를 세운 후 직접 경영하기도 한다. 최근에는 도미노피자 회장이 대학을 세우고 이사장이 되어 화제가 됐는데, 이런 사학은 설립자가 책임지고 운영하는 것이다. 설립자가 운영하는 사학도 세월이 흐르면 대개는 이사회가 자율적으로 학교를 운영하게 되기 마련이다.

우리나라 사학은 대부분 설립자가 학교법인을 세우고 스스로 책임지고 운영하는 방식이다. 그러다 보니 대(代)를 물려 사학을 경영하기도 하며, 그 같은 폐쇄적 운영으로 인해 학교가 제대로 발전하지 못하는 경우가 종종 있다. 그러나 학교는 교육 소비자인 학생과 학부모에 의해 심판받는 것이 원칙이다. 사립학교도 궁극적으론 시장(市場)의 판단을 받아야 하며 정부가 사학의 지배구조를 건드려서는 아니 된다는 것이다. 만일에 어떤 사립학교가 불법 행위를 저질렀다면 문제가 된 행위에 대해 행정 및 형사상 책임을 물으면 되는 것이지 사학의 경영권에 직접 개입해서는 안 될 것이다. 사립학교법을 혁파하고, 교육에도 선택과 경쟁의 원칙을 도입해야만 우리의 교육이 살아날 것이다.

3   로스쿨, 하려면 제대로 하라

동아일보
2007년 6월 15일 자 게재

지금 열리고 있는 임시국회가 다룰 안건 중 하나가 법학전문대학원, 즉 로스쿨을 도입하기 위한 법안이다. 로스쿨 법안이 이번 임시국회에서 통과되지 못하면 정치 일정상 현 정권 임기 중에는 통과가 불가능하다. 이런 와중에 몇몇 대학과 변호사 단체가 '학부 로스쿨'이란 대안을 내놓아 혼란을 더하고 있다.

로스쿨 도입을 둘러싸고 논란이 많은 것은 또 다른 문제가 야기될 가능성 때문이다. 첫째, 로스쿨의 졸업 정원을 제한하고 졸업생 대부분이 변호사가 되도록 하면 로스쿨 입학시험이 사실상 사법시험처럼 어려워지는 '로스쿨 입시 광풍(狂風)'이 불 것이다. 둘째, 졸업 정원을 확대하고 졸업생 대부분이 변호사가 되도록 하면 자격 미달 변호사가 봇물 터지듯 나오게 될 것이다. 셋째, 졸업 정원을 확대하고 정원제 사법시험을 존치하면 '사법시험 광풍'은 여전한 채 로스쿨 자체가 시험 준비기관으로 전락하고 말 것이다. 이 세 가능성을 어떻게 조절하는가가 관건인데 그것이 쉽지 않다.

로스쿨은 원래 미국만의 독특한 제도로 미국 외의 국가로는 캐나다가 영국식 법학 교육을 가미한 로스쿨을 운영할 뿐이다. 최근 일본이 로스쿨 제도를 도입하는 과감한 결단을 내렸지만 성공 여부는 알 수 없다. 미국에 로스쿨이 대학원급 교육으로 완전히 정착한 것도 제2차 세계대전 후이니 많은 사람이 생각하듯 미국이 처음부터 대학원급 법률 교육을 했던 것도 아니다.

영국과 마찬가지로 미국도 원래는 변호사 사무실 수습을 통해 변호사가 됐다. 그러다가 변호사가 수업료를 받고 법률을 가르쳐 주는 보습학원이 생겨났다. 1773년 코네티컷주의 젊은 변호사 태핑 리브가 리치필드라는 작은 마을에 이층집을 지은 후 로스쿨 간판을 걸고 나중에 부통령이 된 자기 처남 에런 버에게 법률을 가르친 것이 로스쿨의 기원이라는 이야기도 있다. 대학이 법률 교육에 나서게 된 것은 1817년 하버드대에 로스쿨이 세워진 후부터다.

1870년에 하버드 로스쿨의 학장이 된 크리스토프 랭들은 25년 동안 학장으로 재직하면서 두 가지 목표를 추구했다. 하나는 로스쿨이 대학원급 교육을 제공해야 한다는 것이고, 또 다른 하나는 판례를 이용해 질의응답 케이스를 경험하는 소크라틱 메서드(Socratic method) 교육을 해야 한다는 것이었다. 랭들 학장과 후임 학장 제임스 에임스 교수의 노력에 힘입어 하버드는 법률 교육의 전범(典範)을 수립했다.

랭들과 에임스가 배출한 졸업생들이 다른 대학교수가 됨에 따라 하버드식 법률 교육은 미국 전역의 대학에 전파됐다. 1921년 미국 변호사협회는 최소한 학부 2년을 이수한 자에게 입학 자격을 주고, 수업 연한을 3년으로 한 로스쿨만 인증하겠다고 발표함으로써 하버드 로스쿨 방식을 표준으로 삼았다. 제2차 세계대전 후에는 아예 대학을 졸업한 사람만 로스쿨에 입학하게 돼 오늘날의 전문대학원 로스쿨이 모습을 갖추게 됐다.

오늘날 미국의 로스쿨을 방문하면 그 규모와 시설, 교수진에 압도되고 만다. 그러나 미국의 법률 교육도 많은 비판을 받고 있다. 랭들의 업적인 질의응답 교육은 갈수록 잘 이용되지 않는 추세다. 연구논문 발표와 컨설팅에 바쁜 교수들이 정작 학생 교육에 소홀하다는 비판도 일고 있다. 학생들도 로스쿨을 변호사 자격을 따고 좋은 직장을 구하기 위해 거쳐 가는 관문 정도로 생각할 뿐이다. 명문 로스쿨을 졸업하거나 재학 중 탁월한 성적을 올리지 않는 한 변호사로서 당당하게 살아가기도 쉽지가 않은 것이 오늘날 미국의 현실이다.

우리는 무슨 문제만 있으면 남의 제도를 들여와서 해결하려는 경향이 있다. 하지만 세상에 완벽한 제도는 존재하지 않는다. 남의 제도를 베껴 오는 데에는 세심한 고려와 준비가 필요한데 그것을 가벼이 생각하는 경향이 있다. 미국식 로스쿨이 장점이 많은 교육 제도임은 분명하지만, 그것은 오랜 시간에 걸쳐 진화해 온 제도라는 점에 주의해야 할 것이다. 제대로 된 준비 없이 섣불리 도입했다가 큰 시행착오를 겪기 쉽다는 말이다. 정부는 앞서 말한 세 가지 '광풍'을 어떻게 조절할지에 대한 복안도 없이 로스쿨을 추진하고, 대학은 건물을 크게 짓고 교수를 많이 채용하면 로스쿨이 되는 줄로 아는 것 같아 걱정이다.

4 쓸쓸한 '로스쿨 대란'

동아일보
2007년 9월 14일 자 게재

2009년에 개교할 예정인 법학전문대학원(로스쿨)이 되고자 많은 대학이 과당경쟁을 벌여 큰 혼란이 빚어지고 있다. 로스쿨 인가 신청을 준비하는 대학이 갑자기 교수를 충원하느라고 다른 대학에서 무리하게 교수를 뽑아 가서 적잖은 대학이 개강에 어려움을 겪었다. 어떤 대학은 다른 대학교수를 초빙하면서 특별한 보수를 음성적으로 약속했다는 소문마저 들린다. 이런 혼란을 기회로 삼아 학교를 옮기지 않는 조건으로 재직하는 대학에 금품을 요구한 교수도 있었다고 하니 혀를 찰 수밖에 없다. 대학 간의 경쟁은 불가피하지만, 엄연한 교육기관인 로스쿨을 준비하는 과정에서 벌어지는 모습은 아카데미 정신의 실종을 보여 주는 듯해서 쓸쓸하다.

혼란은 교수 확보에 그치지 않는다. 대학마다 새 건물을 마련하느라고 상당한 무리를 했다. 저마다 법률 도서관 장서를 확충하겠다고 나서는 바람에 서적 수입상은 즐거운 비명을 질렀다. 나중에야 어떻게 되든 간에 외국 대학과 교류 협정을 체결하겠다고 나서는 촌극을 연출하는 것도 인가 심사에서 1점이라도 더 얻기 위함이다. 몇몇 상위권 대학을 제외하면 우리나라 대학의 재정은 열악해서 로스쿨 유치에 사활을 거는 대학에선 다른 학과가 피해를 본다.

이 같은 '로스쿨 대란(大亂)'은 처음부터 예상한 일이다. 준비된 학교를 연차적으로 몇 개씩 로스쿨로 인가하는 방식을 택했더라면 이런 혼란은 일어나지 않았을 것이다. 불과 몇 달 동안에 신청을 받아 심사하고, 일시에 인가를 내주겠다고 만용(蠻勇)을 부려서 혼란을 초래했다. 로스쿨 정원은 법조인 인력 수급을 고려하지 않을 수 없는데, 이에 대한 합의도 없이 덥석 법률부터 통과시켜 문제를 키운 면도 있다.

교육부는 1개 로스쿨의 정원을 학년당 50~150명으로 정해 가급적 많은 로스쿨을 인가할 모양이다. 정원이 50명도 안 되는 '미니 로스쿨'을 양산할 것이라는 소문마저 있다. 중소 규모 로스쿨 양산은 로스쿨 도입의 원래 취지에 어긋난다. 세계화 시대에 걸맞은 고도의 전문 법률 교육을 하기 위해서는 한 학년이 최소한 200명은 돼야 한다. 평범한 민·형사 사건을 다루는 보통 변호사를 양성할 로스쿨도 한 학년이 100명은 되어야 한다. 그래야만 전문대학원으로서 교육할 만한 기반을 갖출 수 있다.

교육부가 잠정적으로 정해 놓은 로스쿨 인가 심사기준은 모든 것을 숫자로 계산하는 정량(定量) 기준이다. 교수의 논문은 1인당 몇 편이 돼야 하고 도서관 장서는 몇 권이 돼야 한다는 식이다. 한 대학이 누려 온 명성과 졸업생의 사회적 기여도 같은, 정말로 더 중요한 요소가 심사에 고려할 대상이 아닌 것은 큰 문제다. 수도권 이외의 지역에 로스쿨을 인가하는 경우에는 해당 지역의 인구와 경제 규모, 주요 법원의 소재 여부 같은 요소들도 감안해야 한다. 인가 심사기준에는 비현실적 부분이 많은데 교수와 학생의 비율을 1 대 12 이하로 한 것이 대표적이다.

미국의 최고 명문인 예일대 로스쿨은 전체 학생 600여 명에 전임 교수 약 70명을 두어 교수 대 학생 비율이 1대 8이다. 예일대는 극히 예외적인 경우다. 명문 반열에 드는 버지니아대 로스쿨과 조지타운대 로스쿨은 학생이 각각 1200명과 1600명 수준이며 전임 교수는 각각 80명과 120명 정도로, 교수 대 학생 비율은 1 대 15이다. 중위권 로스쿨은 대체로 1 대 20을 유지한다. 미국의 로스쿨은 오랜 세월에 걸쳐 발전해서 이 정도 교수를 확보했다. 우리나라 로스쿨 교수 확충 기준은 세계에서 찾아보기 어려울 정도로 비현실적이다.

역사와 전통이 있고 명성이 있는 대학이 좋은 대학인 것은 건물과 교수 숫자가 대학의 전부가 아님을 웅변으로 말해 준다. 로스쿨 졸업생은 변호사 시험만 합격하면 사법연수원을 거치지 않고 곧장 변호사가 되기 때문에 교육기관의 역할이 특히 중요하다. 좋은 로스쿨을 탄생시키기 위해서는 정량적으로 정해 놓은 인가 기준부터 손봐야 한다.

5   허장성세 풍조에 병든 대학

동아일보
2007년 10월 15일 자 게재
원제: 허장성세 풍조에 대학 병든다

한국과학기술원(KAIST)이 교수 정년 보장 심사에서 후보자를 대거 탈락시켜 우리나라 대학의 안일한 풍토에 경종을 울렸다. 서울대, 고려대 등도 그 정도는 못 되더라도 교수들의 승진과 정년 보장 심사를 엄격하게 하고 있다. 그러자 모든 대학이 교수 업적 심사를 엄격히 해야 한다는 여론이 일고 있다. 하지만 대부분의 대학에서는 KAIST 사태가 '사치'일 뿐이다. KAIST와 포스텍, 소수의 상위권 대학을 제외한 대부분의 대학이 안고 있는 문제는 교수들의 정년 보장 심사를 강화하느냐 마느냐 하는 정도가 아니기 때문이다.

양적 성장에 치중해 온 우리나라의 많은 대학은 연구와 교육이란 두 마리 토끼를 무리하게 함께 쫓다가 모두를 잃어버릴 수 있는 딜레마에 처해 있다. 연구와 교육은 대학의 본질적 기능이지만, 대학에 따라 연구에 치중하는 대학도 있고 학부 교육에 치중하는 대학도 있기 마련이다. 미국 캘리포니아주(州)는 버클리, 로스앤젤레스 같은

UC(University of California) 계열의 명문 주립대학 시스템과 학부 중심인 CSU(California State University) 계열의 주립대학 시스템을 운영한다. 학부 교육 중심인 CSU를 졸업한 우수 학생은 UC에 진학해서 석·박사 과정을 밟을 수 있다. 미국의 사립대 중에는 윌리엄스, 칼턴 등 작지만 강한 학부 중심 대학도 많다.

이에 비해 우리나라 대학은 한결같이 '연구 중심의 명문대'를 지향하고 있다. 하지만 연구 중심 대학을 지향한다는 많은 대학의 현실은 암울하다. 조기 유학 등으로 우수한 학생들이 학부 시절부터 외국 대학으로 빠져나가고, 상위권 대학을 졸업한 학생들이 외국으로 대학원 공부를 하러 몰려간 지는 이미 오래됐다. 미국의 웬만한 대학에는 한국 대학원생들이 북적거리고, 우수한 학생들이 떠난 국내 대학원의 빈자리는 후 순위 대학 출신들이 차지하게 됐다. 대학원은 원서만 내면 합격하는 사태가 벌어지고 있으며, 연구할 역량이 안 되는 대학원생이 많다 보니 이공계의 경우 교수들의 연구에 장애가 생기기도 한다. 학부생이 부족해 대학의 존립 자체가 걱정되는 지방대의 경우는 두말할 필요도 없다.

우리나라 대학에 특히 많은 이른바 특수대학원도 문제를 안고 있다. 원칙적으로 말한다면, 직장인들이 저녁에 다니는 특수대학원은 수료증을 주는 데 그쳐야지 학위를 수여해서는 안 된다. 그런데도 대학은 수입을 올리기 위해 다양한 특수대학원을 만들어 학위를 수여함으로써 학위의 품위를 떨어뜨렸다. 웬만한 대학엔 특수대학원이 10개나 되니,

의학·법학·경영 대학원과 1, 2개 전문대학원만 있는 하버드 등 미국 명문대와 비교된다. 하지만 이제는 특수대학원도 원생을 모집하기가 쉽지 않으니, 과욕과 허영의 종말이 닥쳐오는 셈이다.

상황이 이렇게 된 데는 대학의 책임이 제일 크지만, 정부도 적잖은 역할을 했다. 교육인적자원부가 연구 중심 대학, 특성화 대학 등 각종 명목을 내세우고 지원금을 배분하자 대학들은 그런 '당근'을 차지하기 위해 새 프로그램을 도입하고 심지어 별도의 대학원을 설립했다. 이 같은 분위기 속에서 깊이 있는 학문적 성과가 나오기를 기대하는 것은 무리다. 어설픈 대학원 중심 풍조 때문에 대학 재정의 대부분을 감당하는 학부생이 정당한 대우를 받지 못하는 측면도 있다.

정부가 의욕적으로 추진하고 있는 의학·법학 등 전문대학원 제도도 대학에 또 다른 함정으로 작용하고 있다. 의학전문대학원 설립 시에도 겪은 일이지만, 전문대학원 설치 요건은 우리 여건으로 볼 때 무리한 면이 많다. 2009년에 개교할 예정인 법학전문대학원(로스쿨)만 해도 비현실적인 설치 기준 때문에 신청하는 대학은 올해부터 연간 수십억 원의 적자를 감수해야 한다. 그런데도 '남이 하면 나도 한다'는 식으로 많은 대학이 사활을 걸고 신청 대열에 뛰어들고 있다. 이런 풍조가 대학을 병들게 했음에도 똑같은 행태가 반복되는 것이다. 대학들이 허장성세(虛張聲勢)의 덫에 빠져 있는 사이에 우수한 학생들의 엑소더스가 대규모로 진행되고 있는 것이 요즘 우리의 사정이다.

6   '하버드대학의 공부벌레들'

중앙대 동문회보
2009년 3월호 게재
원제: '하버드대학의 공부벌레들'이라는 허구(虛構)

많은 논란 끝에 흔히 로스쿨이라고 불리는 법학전문대학원이 드디어 문을 열게 되었다. 중앙대학교도 50명이란 아담한(?) 정원을 배정받아 개원하게 됐다. 한국적 상황에서 로스쿨이 성공할 수 있을지는 현재로 서는 장담하기가 어렵다. 유럽 대륙식 법률 교육도 문제가 있지만, 미 국식 로스쿨도 나름의 문제가 있어 무턱대고 남의 제도를 도입하는 것 은 무모한 측면이 있다. 다른 나라의 제도를 도입하기에 앞서 과연 그 나라의 제도를 얼마나 잘 알고 있는지도 생각해 볼 문제다.

우리나라에 미국식 로스쿨이 미화(美化)된 데는 1980년대 초에 TV 시리즈로 방송되었던 '하버드대학의 공부벌레들(The Paper Chase)'의 역할이 컸다. 이 TV 연재물은 1970년에 나온 같은 제목의 소설을 윤색 해서 길게 만든 것이다. 원작 소설은 1970년에 하버드 로스쿨을 졸업 한 존 제이 오스본(John Jay Osborn)이 썼는데, 작가는 자신의 경험을 토대로 논픽션같이 실감나는 내용을 소설로 담았다. 이 소설은 1973

년에 영화로 제작되어서 널리 알려졌는데, 영화에서 킹스필드 교수 역할을 한 존 하우스먼은 아카데미상(賞)을 받았다. 영화는 소설을 충실히 반영했지만, TV 연속물은 원작과는 상당히 거리가 있다. TV 연속물은 에피소드를 늘려야 해서 원작에는 없는 흥밋거리를 많이 추가했다.

소설의 장르는 비교적 단순하다. 중서부 출신의 제임스 하트라는 학생이 하버드 로스쿨에 입학해서 1학년 동안 겪는 일이다. 찰스 킹스필드라는 권위적이고 가학적(加虐的)인 노교수가 가르치는 계약법 강의가 중심이다. 고압적(高壓的)인 킹스필드 교수는 전형적인 질의 응답식의 소크라틱 강의법을 사용해서 학생들을 괴롭히고, 학생들은 예습하고 숙제를 하느라 고생을 한다.

TV 연속극에서는 킹스필드 교수에게 자상한 측면이 있는 것으로 나오지만, 원작에서의 킹스필드 교수는 학생들의 이름에도 관심이 없는 비인간적 인물이다. 하트는 아름다운 여학생을 사귀게 되는데, 그 여학생은 하트와는 달리 느긋하게 공부를 하고 있었다. 알고 보니 그 여학생은 바로 킹스필드 교수의 딸이었고, 거기서 하트는 킹스필드 교수의 이중적 면모를 깨닫게 된다. 하트는 계약법에서 A 학점을 받지만, 그 성적표를 종이비행기로 만들어 바다로 날려 버리는 것이 소설의 끝이다.

저자 오스본은 이 소설을 통해서 하버드 로스쿨과 소크라틱 강의의 비(非)인간적 면모를 고발한 것이다. 저자는 이처럼 로스쿨의 어두운

면을 폭로하는 기분으로 소설을 썼는데, 오히려 로스쿨에 대한 흥미를 자아내는 결과를 초래했다. 주로 TV 시리즈를 통해 알려졌기 때문에 원작보다 훨씬 다른 의미로 알려진 셈이다. 이런 연유로 로스쿨 하면 대뜸 '하버드대학의 공부벌레들'에 나오는 질의 응답식 강의가 연상될 정도다. 사실 우리말 제목인 '하버드대학의 공부벌레들'부터 정확한 번역이라고 할 수 없다. '페이퍼'는 답안지나 리포트를 의미하니까, '하버드대학의 점수벌레들'이 보다 정확할 것이다.

킹스필드 교수가 학생들을 괴롭혔던 질의 응답식 강의는 요즘 미국의 로스쿨에선 거의 이루어지지 않는다. 최상위급 로스쿨의 기본과목에서나 이루어지는 정도다. 이런 강의 방식이 비효율적이고 보통 수준의 학생들을 상대로 그런 강의를 하는 것은 불가능하기 때문이다. 질의 응답이 쓸데없는 토론으로 귀결되는 경우가 많아서 학생들이 수업에 흥미를 잃어버리게 하는 부작용도 있다. 흑인 등 소수인종 학생들이 많아진 것도 질의 응답식 강의가 사라진 원인의 하나다. 또한 읽어야 할 판례와 논문이 갈수록 많아져서 질의 응답식 강의로는 도저히 감당할 수 없게 된 측면도 있다.

소설의 저자 존 제이 오스본은 그 후에도 소설을 몇 편 더 썼지만 그다지 성공하지는 못했다. 마이애미대학과 에쉬바대학의 로스쿨에서 교수 생활을 하다가 로펌에서 일했던 그는 지금은 샌프란시스코대학에서 계약법 등을 가르치고 있다. 장담할 수는 없지만, 오스본은 질의 응답식으로 수업을 진행하지는 않을 것이다.

30년 전에 내가 미국의 로스쿨에서 공부할 때만 해도 기본과목에선 질의 응답식 강의를 했다. 젊은 교수들이 그런 강의 방식을 선호했는데, 지나고 보니 젊은 교수들은 강연 방식으로 한 학기를 끌고 가기에 역부족이라서 그리했던 것이 아닌가 한다. 반면 나에게 기억이 남는 과목들은 전국적 명성을 갖고 있던 교수들이 담당했던 강연식 강의였다. 지식과 경험이 출중한 이들은 자신들의 지식을 전달하기에도 시간이 부족해 보였다. "로스쿨에선 질의 응답식으로 강의를 한다"는 것은 신화(神話)일 뿐이다.

7   '데칸쇼'와 실용대학

중대신문
2009년 12월 7일 자(제1701호) 게재

서울대학교의 전신(前身)인 경성제국대학(京城帝國大學)에선 예과와 본과가 구분되어 있었다. 당시에는 천재라고 부를 만한 학생들이나 경성제국대학에 입학할 수 있었는데, 이들은 예과에서 독일어와 관념 철학을 공부했다. 그래서 당시 예과를 다녔던 사람들은 자신들이 "'데칸쇼'를 했다"는 말을 자주 했다. 무슨 말인가 하면, 데카르트와 칸트, 그리고 쇼펜하우어를 읽었다는 것이다. 그것도 독일어 원서로 읽었다고 하니 그들의 '수준'이 어느 정도였는지 상상할 수 있다. 암울한 식민시대를 살아야 했던 그들에게 관념 철학은 하나의 도피처였을 것이다.

나는 1970년대 전반부에 서울대학교를 다녔는데, 그 당시에 원로 교수님들은 대개 경성제국대학의 예과를 마치고 법학부를 나온 분들이었다. 그러한 교수님들은 '데칸쇼'를 했던 당시를 되돌리시면서 '우골탑(牛骨塔)'이라고 불리는 사립대학과 취직준비를 하느라 학원에서 일본어를 배우는 풍조를 개탄하곤 했다.

부유한 집안의 아이들과 특별하게 공부를 잘한 자식들이나 대학을 가던 시대는 오래전에 끝났다. 대학이 많다 보니 대학 간의 경쟁도 갈수록 치열해지고 있고, 학생들이나 학부모들이 대학에 기대하는 것도 전과는 다르다. 이런 상황에서 대학이 데카르트와 칸트나 가르치고 있다간 퇴출당하기 십상이다.

이런 세태는 하나의 현실로 인정해야겠지만, 그렇다고 해서 시류(時流)를 무조건 따르는 것도 단견(短見)이다. 실용주의 교육의 본고장이라는 미국 대학에선 역사, 철학, 문학 같은 인문학 강좌가 인기를 끌고 있다. 대학마다 차이는 있겠지만 '셰익스피어'는 인기 과목이고, 윤리학 또한 그러하다. 예일대학에선 존 개디스(John Lewis Gaddis)라는 역사학자가 가르치는 '냉전사(冷戰史)'가 대단한 인기 강좌다. 우리 대학에선 폐강되는 과목이 미국에선 인기 과목인 것이다. 컴퓨터와 인터넷이 보편화된 사회에선 인문학적 기초가 탄탄한 학생들만이 자기가 원하는 직장을 찾을 수 있기 때문이다.

요즘 우리 대학이 '구조조정'을 두고 시끄럽다. 유사학과를 통폐합하는 구조조정이라면 반대할 사람은 별로 없다. 하지만 들리는 이야기처럼 경영대학을 확대하고 '경쟁력'이 떨어지는 인문계, 자연계, 이공계를 줄이고 또 공무원 취직을 준비하는 학부를 확장한다면 문제는 다르다.

대부분 졸업생이 기업에 취직하고 공무원 시험을 준비하는 현실을 생각하면 "교육도 시장을 무시할 수 없다"라는 논리에도 일리는 있다. 하지만 오늘날 이 사회가 요구하는 인재란 얄팍한 실용지식이나 갖춘 사람이 아니다. 1970~1980년대만 해도 평범한 대졸자는 직장을 찾는 데 어려움이 없었지만, 1990년대의 세계화와 정보화 과정에서 그런 직장인들이 가장 먼저 일자리를 잃었다. 시류에 편승해서 학생들에게 얄팍한 실용지식이나 가르쳐 사회로 내보내면 그런 졸업생들이 과연 얼마나 지속적인 경쟁력을 갖게 될지 우려하지 않을 수 없다.

'중앙대 사태'를 보면서

경향신문
2015년 4월 8일 자 게재

중앙대가 좋지 않은 일로 뉴스에 오르내리고 있어 씁쓸한 기분이 든다. 하지만 요즘 드러나고 있는 문제는 대체로 예상했던 일이다. 대학이 기업 논리에 휘말리고 거기에 정치가 개입되었기 때문에 이런 일이 생긴 것이다. 작금의 중앙대 사태를 살펴보면 경기도 안성에 있는 제2 캠퍼스가 문제의 핵심임을 알게 된다. 1980년대 초 서울의 주요 대학들은 정부 정책에 부응해서 제2 캠퍼스를 건설했는데, 중앙대는 안성에 자리를 잡았다.

1983년에 조교수가 된 나는 법대가 있는 흑석동 캠퍼스보다 새로 건설한 안성 캠퍼스가 훨씬 마음에 들었다. 당시 중앙대 이사장이던 임철순 박사는 미국에서 공부할 때 아름다운 대학 캠퍼스를 많이 보았던 까닭에 중앙대도 풍광이 좋고 널찍한 안성 캠퍼스를 중심으로 발전해야 한다고 생각했었다. 임 전 이사장은 안성 캠퍼스 건설을 위해 많은 빚을 졌는데, 그것이 잘못되어서 학교 운영권을 재일교포 사업가 김희

수 씨에게 넘겨주어야 했다.

임 전 이사장은 몇몇 대학과 대학원만 흑석동 캠퍼스에 남기고 대부분 교육 단위를 안성으로 옮기려고 했으나 그것은 애당초 가능하지 않은 구상이었다. 안성 캠퍼스라고 하지만 학생과 교수들 대부분이 서울에 살았기 때문에 통학과 출퇴근이 문제였다. 1980년대에는 경부고속도로가 막혀서 통학과 통근이 거의 지옥과 같았다. 고속도로 확장으로 통학과 통근 문제가 다소 나아지는 듯했으나, 김영삼 정부가 수도권 규제를 완화하고 대학 신설을 준칙제로 바꾸자 각 대학의 제2 캠퍼스가 위기를 맞았다. 제2 캠퍼스는 서울에 있는 대학 정원을 묶어둔다는 전제하에 세워진 것인데, 서울에 있는 대학의 정원을 늘리고 대학 신설을 허가하면서 그 전제가 무너진 것이다.

우리나라 대학의 공통적인 문제는 대학, 대학원, 학과 등 교육 단위가 너무 많다는 것이다. 학과는 많고 각 학과의 학생 정원은 적어서 규모의 경제가 될 수 없지만, 교수들은 전공 이기주의에 안주하기 마련이다. 제2 캠퍼스가 있는 대학은 똑같거나 유사한 전공을 본 캠퍼스와 제2 캠퍼스에 중복해서 설치하는 등 문제가 더 많다. 2000년 전후해서 대학에는 건축 붐이 일었고 교수 1인당 학생 숫자를 낮추기 위해 교수들을 많이 채용했다. 대학 등록금이 가파르게 인상된 데는 이 같은 배경이 있었다.

다른 대학의 제2 캠퍼스가 있는 경기도 안산과 수원에는 전철이 들어가서 교통문제가 해결됐지만, 중앙대 안성 캠퍼스는 그런 혜택도 받지 못했다. 이제는 안성 캠퍼스가 중앙대 발전의 장애가 되었으나 교육 장소를 변경할 수 없어 해결할 방법이 요원했다. 그런데 박범훈 전 총장이 이 난제를 해결한 것이다.

2008년 박범훈 전 청와대 교육문화수석이 중앙대 총장을 지낼 때 두산그룹이 중앙대를 인수하고 박용성 전 두산 회장을 이사장으로 선임했다. 박 이사장은 위기에 처한 중앙대를 구하기 위해 인수했다고 했는데, 인수 과정에서 박범훈 당시 총장이 역할을 한 것으로 알려져 있다. 박용성 이사장은 학교의 중요한 모든 행정을 직접 챙겼다. 박 이사장은 1차 대학 구조조정을 통해 교육 단위를 과감하게 통폐합했다. 무리한 부분도 있었지만 방향은 대체로 수긍할 수 있는 것이었다. 그리고는 흑석동 캠퍼스와 안성 캠퍼스 통합을 이루어냈는데, 거기에는 박범훈 당시 교육문화수석의 역할이 결정적이었음이 이제 분명해졌다.

무리하게 캠퍼스 통합을 하다 보니 흑석 캠퍼스는 과부하가 걸리고 안성 캠퍼스는 공동화되는 부작용이 생겼다. 무엇보다 이 조치는 엄청난 특혜였는데, 특혜의 배후에는 항상 무엇인가가 있음이 이번에도 입증되었다. 박범훈 전 총장이 이명박 정권의 실세와 교류해서 모든 일을 벌였을 가능성이 있다는 보도마저 있으나 검찰이 그 배후를 얼마나 밝혀낼지는 알 수 없다.

두산이 왜 중앙대를 인수해서 운영하고자 했는지 그것 자체가 의문이다. 두산은 육영에 뜻이 있었던 것은 아니었다고 생각된다. 여하튼 두산이 중앙대의 '시장가치'를 높이고자 했던 것은 분명하다. 캠퍼스 통합과 학과 철폐 등 구조조정은 잭 웰치 전 GE 회장의 기업 구조조정을 연상시킨다. 기업적 관점에서 볼 때 안성 캠퍼스와 정년이 보장된 교수집단은 가장 고약한 존재임이 틀림없다. 그러나 대학은 기업이 아니다. 안성 캠퍼스 문제는 중앙대가 갖고 있던 어려운 문제이지만 그 뿌리는 1980년대까지 거슬러 올라가고 해법이 쉽지 않다. 기업적 관점에서 대학을 운영해 온 두산은 이번 사태로 자체 이미지에도 큰 타격을 입었다. 무엇보다 중앙대는 또다시 기로에 서 있는 형상이다.

chapter

V 신문 · 잡지 · 방송

1   '4대강'을 보도하지 않는 신문

기자협회보
2010년 3월 1일 자 게재

이명박 정부가 출범한 후 정권 차원에서 추진해 온 역점 사업은 미디
어법 개정, MBC 〈PD수첩〉 기소, 세종시 수정, 그리고 4대강 사업이라
고 할 수 있다. 미디어법은 국회 통과에는 성공했지만 헌법재판소에 의
해 '위법' 판정을 받았고, 〈PD 수첩〉 기소는 1심에서 무죄가 나왔다. 대
통령과 총리가 앞장서서 밀어붙이고 있는 세종시 수정도 앞날이 불투
명하다. 그렇다면 이명박 정부가 추진하는 역점 사업 중 오직 4대강 사
업만이 굴러가는 형상이다.

하지만 4대강 사업은 시민사회와 종교계, 그리고 야당의 극심한 반
대에 봉착해 있다. 4대강 사업을 저지하기 위한 소송이 제기되어 있고,
천주교와 불교는 교단 차원에서 이를 저지하기로 결의했다. 이런 반대
에도 불구하고 4대강 사업은 곳곳에서 진행되고 있다.

남한강 여주 구간에선 세 곳에서 공사가 진행되고 있는데, 강바닥을
파헤침에 따라 강변의 아름다운 경관과 식생이 마구잡이로 파괴되고

있다. 낙동강에선 강바닥을 파헤치자 오염된 퇴적층이 나와서 공사를 계속할 경우 수질에 문제가 발생할 것으로 우려되고 있다. 유해물질을 함유한 시커멓게 썩은 준설토를 어떻게 처리할 것인가 하는 문제도 있다. 지역에 따라선 암반이 나타나 굴착기를 동원하고 폭약을 사용해서 폭파하고 있다. 제대로 된 조사도 없이 임기 내에 준공하겠다는 만용을 부려서 이런 일이 일어나는 것인데, 이로 인해 반만년 우리 역사와 함께했던 4대강의 자연과 문화가 사라질 위기에 처해 있다.

정부가 엄청난 돈을 들여 홍보했음에도 4대강 사업에 대해선 국민의 3분의 2가 반대하고 있다. 천주교와 불교가 교단 차원에서 이 사업에 반대한다는 뜻을 분명하게 한 것도 전에 없던 일이다. 외국의 저명한 과학잡지 기자가 현장을 방문하고 법원 심리를 방청했는가 하면, 일본에서 온 교수와 전문가로 구성된 방문단은 멀쩡한 강바닥을 파헤치는 공사현장을 찾아보고 걱정을 했다.

이 정도 논란이 있는 4대강 사업이라면 그 사업의 당부당(當不當)을 떠나서 신문은 자주 보도해야 마땅하다. 그러나 이른바 '보수신문'이라는 몇몇 신문은 '4대강'을 아예 다루지 않았다. 남한강에서 공사하다가 오염사고가 나고 주변의 멸종위기 종자의 서식지가 파괴되어도, 낙동강에서 오염된 퇴적토가 나와도 이에 대한 기사 한 줄이 없다. 착공하고도 준설토를 쌓아 놓을 곳이 없어서 공사가 중단됐다거나, 자전거 도로를 만들기 위해 유기농 농가를 철거하기로 했다는 사실도 마찬가지다. 4대강 사업 자체가 사실상 운하 건설이라든가, 또는 4대강 사업이 경제성이 없다는 논의도 찾아볼 수 없다.

4대강 사업을 저지하기 위해 서울, 부산 등 4개 지방법원에 행정소송이 제기되어 법정에서 치열한 공방이 오가도 이 신문들에는 그런 기사가 아예 없다. 4대강 사업 저지를 위해 천주교 주교(主敎)가 야외에서 미사를 열어도, 신부들이 릴레이 단식을 해도, 또 사찰에서 2천 명 신도가 모여 4대강 사업 중단을 요구하는 법회를 열어도 이 신문들은 기사 한 줄을 쓰지 않는다.

그렇다고 해서 4대강에 관한 정보가 막혀 있는 것도 아니다. 국민의 3분의 2가 4대강 사업에 반대하고 있다는 사실은 그것을 웅변으로 증명한다. 컴퓨터만 켜면 인터넷 신문과 블로그가 4대강에 관한 뉴스를 전하기 때문이다. 이런 현상은 한 여론조사가 노년층, 저학력층, 저소득층에서 4대강 사업을 지지하는 비율이 높다고 분석한 결과와 맥을 같이한다. 인터넷에 접근하지 못하는 노년층과 저학력층에서 4대강 사업을 긍정적으로 보는 비율이 높은 것이다. 말하자면 지하철 경로석에 앉아 종이신문을 보는 계층, 신문과 인터넷을 아예 안 보는 계층에서 4대강에 대한 지지가 높은 셈이다.

신문은 편집 방향이 있으니까 4대강 사업에 찬성할 수도 있다. 그렇다면 4대강을 둘러싸고 발생하는 사건 사고를 보도하고, 그런 다음에 4대강 사업이 옳다고 당당하게 논지를 펴야 한다. 4대강 사업에 반대하는 사람들이 극단적 환경주의자라든가, 좌파 집단이라든가 하는 식으로 무언가 의견이 있어야 하는 법이다. 그런데 보수신문들은 4대강에 대해 침묵을 지키고 있다. 다른 신문과 인터넷 매체가 4대강을 보도하기 때문에 유신체제나 5공화국처럼 권력의 탄압이 있어서 이렇게 침묵하는 것도 아닐 것이다. 어떠한 이유에서 이 신문들이 4대강에 대해 침묵을 하든 간에 4대강에 관한 뉴스는 다른 경로를 통해 사람들에게 널리 퍼져가고 있다. 이런 것을 두고 "손바닥으로 해를 가린다"고 하던가.

2   '4·19' 50주년에 신문을 생각한다

기자협회보
2010년 3월 29일 자 게재

2010년 4월 19일은 4·19혁명 50주년이 되는 날이다. '4·19'가 나던 해에 초등학교 3학년이던 내가 나이 60을 바라보게 되었으니 세월이 많이 흘렀다는 생각을 하게 된다.

당시 열 살 소년이던 나에게 4·19는 강렬하게 각인되어 있는데, 그 것은 우리 가족이 서울 한복판에서 살았기 때문이기도 하다. 나는 지금 종로구청 자리에 있던 수송국민학교를 다녔다. 당시 같은 학교 6학년이던 학생이 유탄(流彈)에 맞아 생명을 잃었다. 지금의 정부종합청사 자리에는 경찰 무기고가 자리 잡고 있었는데, 길 건너 골목 끝에 있던 우리 집 마당에서 무기고 2층 창문에서 총을 들고 세종로 쪽을 겨누던 경관을 볼 수 있었다.

당시 서울 사람들은 이승만 정권을 좋아하지 않았다. 6·25 남침 후 적치(敵治)하에서 90일을 살아야 했던 서울 사람들은 공산당이라면 치를 떨었지만, 교육수준이 높았기에 이승만의 독재에 대해서도 비판적이었다. 서울 사람들은 야당 지도자인 신익희, 조병옥, 장면, 그리고 윤보선을 좋아했다. 나의 부모도 전형적인 서울 중산층이었기에 그러한 성향은 나에게 영향을 주었다. 서울 한복판에 자리 잡은 초등학교에 다니던 우리는 학교가 끝나면 지금의 한국통신 건물 앞의 공터에서 뛰어 놀기도 했다. 광화문 사거리가 앞마당이었던 우리에게 동아일보 건물은 요즘 말로 하면 아이콘 같았다.

자유당 정권 말기에 경향신문이 폐간되고 난 후 서울 사람들은 대개 동아일보를 보았는데, 우리 집도 그러했다. 4·19 때 시위대는 동아일보 건너편에 있던 서울신문 사옥에 불을 질렀다. 독재정권을 대변했던 신문이 심판을 받은 것인데, 1층이 불탄 건물을 멀리서 본 기억이 지금도 생생하다. 초등학교 3학년생이 무엇을 알까 하겠지만, 우리 집안은 제법 '정치적 성향'을 띠고 있었다. 나의 외가 쪽에는 이승만 정권과 박정희 군사정부에 비판적이었던 동아일보 편집국장을 지낸 분도 계셨고, 장면 박사와 가까웠던 나의 외조부는 제2공화국에서 참의원 의원을 지내셨다.

5·16 후 잠시 암흑기가 있었지만, 대체로 1960년대 우리나라 신문은 언론자유를 누렸다. 하지만 10월 유신(1972년 10월 17일)을 기점으로 언론자유는 심각하게 위협받게 되었다. 그 어두운 시대에도 동아일보 등 뜻있는 신문들은 진실을 전하려고 노력했고, 독자들은 행간에 숨은 진짜 뉴스를 읽으려고 애를 썼다.

그리고 1987년의 6·29선언에 의해 언론의 자유가 인정되었다. 자유 언론 시대가 열린 것이다. 그리고 20년 넘는 세월이 흘렀으니 언론 자유는 활짝 핀 꽃처럼 만개(滿開)해 있어야 마땅하다. 그러나 언론자 유는 현 정권 들어서 많이 위축된 것 같다. 이제는 언론사 간부를 공안 부서로 불러들이거나 기자에게 압박을 가하는 일 등은 없을 것이다. 그 런데도 언론은 권력으로부터 자유롭지도 않고, 또 권력에 대해 할 말을 하고 있지도 못하는 것으로 보인다. 언론사의 경영이 좋지 않은 탓에 광고주가 언론 위에 군림하는 경향도 있어 보인다. 공직자들이 툭하면 제기하는 명예훼손소송도 언론자유를 위협하는 요소일 것이다. 하지만 더 큰 문제는 언론이 스스로 알아서 자신에 제약을 가하는 경우가 아 닌가 한다.

이명박 정권이 밀고 나가는 세종시 수정 정부안이 발표되던 날, 한 신문은 부동산 광고전단을 방불케 하는 지면을 구성했다. '4대강'에 관 한 보도 자세는 더욱 특이했다. 4대강에 대해 보도를 하는 신문은 오직 둘뿐이었다. 4대강 사업은 그 규모와 소요예산, 그리고 환경적 영향 측 면에서 전에 없던 일인데도 아예 보도하지 않는 신문이 많았다.

정부 정책을 지지하고 또 그것을 비판하지 않는 것도 '편집 방향'이 라면 편집 방향이라고 할 수 있다. 하지만 정부 정책을 비판하지 않는 것이 신문의 편집 방향이라면 문제가 아닐까. 자유당 시절 서울신문의 편집 방향은 바로 그런 것이었고, 4·19가 나던 해에 열 살 소년이던 나 는 그 결과를 두 눈으로 볼 수 있었다.

3 제퍼슨이 한국 언론을 본다면

기자협회보
2010년 4월 26일 자 게재

미국 독립선언문을 기초하고 초대 국무부 장관과 제3대 대통령을 지낸 토머스 제퍼슨은 법률가일뿐더러 자신의 저택 몬티첼로를 설계한 건축가이며, 버지니아대학을 세운 교육자였다. 당대의 지식인이었던 제퍼슨은 언론의 자유가 모든 자유의 기초라고 생각한 자유주의자였다. 또한 '견제와 균형'의 원칙에 따라 움직이는 '제한된 정부'만이 국민의 자유와 권리를 보장할 수 있다고 생각한 입헌주의자였고, 강력한 중앙정부는 국민을 불행하게 만들 것이라고 확신했던 주권(州權)주의자였다. 하지만 그는 자신이 미국 대통령을 지낸 사람이기보다는 독립선언문을 기초하고 버지니아대학을 건립한 사람으로 기억되기를 원했다. 실제로 그의 묘비에는 그가 미국 대통령을 지냈다는 구절이 없다.

제퍼슨은 언론자유를 제약하고 정치적 반대자들을 탄압했던 연방파에 반기(反旗)를 든 공화파를 규합해서 1800년 대통령 선거에서 승리했다. 일찍이 언론자유가 중요함을 깨달은 제퍼슨은 신문의 중요성을 강조한 유명한 구절을 남겼다. "신문이 없는 정부와 정부가 없는 신문 중 하나를 선택하라고 한다면 나는 후자를 선택하겠다"는 것이었다. 이 명구(名句)는 언론의 중요성을 강조하는 의미로 많이 인용된다.

그러나 대통령을 지낼 당시 제퍼슨은 신문과의 관계가 좋지 않았다. 필라델피아, 뉴욕, 보스턴에서 발행되는 신문들은 제퍼슨을 신랄하게 비판했는데, 이런 신문들은 사실을 왜곡해서 제퍼슨을 비난하곤 했다. 제퍼슨은 자신에게 사사건건 비난을 퍼붓는 필라델피아의 한 신문에 대해 "도무지 이 신문에서 진실이라곤 광고뿐이야"라고 말했다고 전해진다.

제퍼슨은 언론자유가 중요하다고 생각했지만, 한편으로는 "아무것도 읽지 않는 사람이 오직 신문만 읽는 사람보다 더 잘 교육되어 있다"고 말할 정도로 신문에 대하여 회의적이고 비판적이었다.

이상(理想)으로서의 언론자유와 현실로서의 신문에 대해 제퍼슨은 심한 갈등을 보였다. 당시 신문은 공공사(公共事)를 보도하기보다는 정치적 선전을 하는 경향이 강했기 때문이다. 반대파의 공격에 노출된 제퍼슨은 언론의 비난을 가장 심하게 받은 미국 대통령으로 평가되는데, 그럼에도 제퍼슨은 언론자유와 신문이 민주주의에 있어 필수적 요소라고 생각했다.

미국 신문이 오늘날같이 사실을 보도하고 공익에 봉사하는 역할을 하기 시작한 것은 20세기 중반에 들어서면서부터다. 제퍼슨이 대통령을 지낼 당시의 신문은 지금으로 말할 것 같으면 정치적 의견을 전파하는 팸플릿이나 블로그 같은 성격이 짙었다. 우리는 미국 신문이라면 베트남전쟁 문서를 보도한 〈뉴욕타임스〉와 워터게이트 사건을 파헤친 〈워싱턴포스트〉를 연상하지만, 그것은 비교적 최근인 1970년대 현상이었다.

이렇게 장황하게 토머스 제퍼슨 대통령 시대의 미국 신문에 대해서 이야기하는 것은 우리나라 신문과 방송이 사실 보도와 공익 보호에 충실한가에 대해 생각해 보기 위함이다. 우리의 신문과 방송은 1970년대의 뉴욕타임스와 워싱턴포스트까지는 못 가더라도 제퍼슨 대통령에 대해 온갖 근거 없는 비난을 퍼붓던 19세기 초의 미국 신문 같아서는 곤란하지 않은가 하는 말이다.

신문과 방송은 편집 방향이란 것을 갖고 있어 어떤 사건을 보는 관점은 신문사와 방송사에 따라 다를 수 있다. 신문과 방송에는 사실을 전하는 기사와 보도 프로그램 외에 의견을 전달하는 사설과 칼럼, 그리고 논평이 있다. 사설과 칼럼, 그리고 논평은 신문사와 방송사의 견해를 전달하는 것이기 때문에 그것은 신문사와 방송사에 따라 다를 수 있다.

또한 사실을 전달하는 신문 기사와 방송 보도 역시 신문사와 방송사의 편집 방향에 따라 약간 다를 수 있다. 그러나 자사의 취향과 이익에 맞지 않는다는 이유로 사실의 중요성을 떠나 아예 보도하지 않거나, 자사에 불리한 사실은 진실을 왜곡해서 기사와 보도로 가공한다면 그것은 이미 언론이라고 할 수 없다.

제퍼슨이 오늘날의 미국 신문과 방송을 본다면 자신이 생각했던 이상(理想)이 대체로 이루어졌다면서 만족스러워 할 것이다. 하지만 만일에 제퍼슨이 오늘날 우리나라의 신문과 방송을 본다면 과연 어떤 생각을 할까.

4 '올드 미디어'의 신뢰 추락

기자협회보
2010년 12월 27일 자 게재

미국 유학 시절에 내가 즐겨 보았던 뉴스는 NBC '나이틀리 뉴스
(Nightly News)'였다. 주중에는 존 챈슬러가, 주말에는 제시카 새비치가
진행을 했다. 당시는 CBS의 월터 크롱카이트가 저녁 뉴스의 왕좌를 지
키고 있었지만 나는 NBC를 주로 보았다. 학자풍(風)의 챈슬러와 매력
적인 새비치가 마음에 들어서 그랬을 것이다. 챈슬러가 뉴스를 마칠 때
시청자들을 상대로 이따금 하던 말이 있었다. "당신들은 알 권리가 있
고, 우리는 진실을 말할 의무가 있다(You have right to know, we have
duty to tell the truth)"는 것이었다. 간단하지만 언론이 무엇이며 언론
인의 자세가 어떤 것인지를 잘 보여 주는 구절이 아닐 수 없다.

미국 유학을 마치고 돌아와서 대학에 자리 잡은 것이 5공화국 시절
인 1983년이었는데, 당시 우리의 뉴스는 온통 "전두환~"으로 시작되
는 '땡전'이었다. 그래서 나는 '땡전 뉴스'가 끝나는 정시 5분 뒤에 TV
를 켜고는 했다. 당시엔 미군 방송(AFKN)이 피터 제닝스가 진행하던

ABC '월드 뉴스 투나잇(World News Tonight)'를 보내 주었는데, 그것을 보면서 느끼던 시원한 기분은 이루 말할 수가 없었다. 피터 제닝스는 제시카 새비치가 교통사고로 사망한 소식도 전해 줘 나를 안타깝게 했다.

'땡전 뉴스' 현상은 TV에 국한되지 않았다. 신문도 낮 뜨거운 정부 홍보기사로 덮여 있기 일쑤였다. 그때 세종로 지하도에서 아주머니들이 신문을 팔았는데, 신기한 현상이 있었다. 붉은 색연필로 그날의 중요한 뉴스를 전했다. 붉은 색연필로 칠해진 기사는 대개 구석에 박혀 있는 작은 기사였지만, TV 뉴스에선 절대로 볼 수 없었던 중요한 기사였다. 그런 세태를 꼬집은 유명한 조선일보 칼럼이 '거리의 편집자'이다. 칼럼은 거리의 편집자들이 그날의 진짜 뉴스를 용케도 알아내서 붉은 색연필로 칠해 낸다고 했다. 진실을 자유롭게 전달하지 못했던 언론인의 자조(自嘲)와 자괴(自愧)가 배어났던 명 칼럼이었다.

그리고 우리 사회에 언론의 자유가 활짝 열렸다. 1988년 5월 15일 〈한겨레신문〉이 창간되어 기성 신문의 독과점이 깨졌다. 90년대 들어서 인터넷 시대가 열리면서 인터넷 신문이 많이 생겨났고, 포털과 개인 블로그가 유사 언론의 역할을 하는 시대로 접어들었다. 그래서 온 국민이 언론의 자유를 만끽하는가 했더니 이명박 정권 들어서 오히려 언론 자유가 위협받는 상황에 이르고 말았다. 그 이유는 무엇일까.

아무리 인터넷 뉴스 등 뉴미디어로 인해 정부가 언론을 장악하는 데는 한계가 있다고 하더라도 뉴미디어는 수요자가 적극적으로 접하고

자 해야 볼 수 있다는 한계가 있다. 반면 TV와 종이신문 같은 '올드 미디어'는 타성적으로 접하게 되는 특성이 있다. 이명박 정권은 뉴미디어를 통해 스스로 뉴스를 섭취하는 '적극적 뉴스 수요층'을 자신들이 설득할 수 없음을 잘 알고 있었다. 그래서 그들은 그렇지 않은 계층, 즉 '피동적으로 뉴스를 접하는 계층'을 공략하여 집권의 기반으로 삼고자 하는 것이다.

정권이 설득하고 회유하고 겁박할 수 있는 대상은 자기 주관이 없거나 확실치 않은 사람들인데, 이런 계층은 주로 공중파 방송과 종이신문 같은 전통적 매체를 수동적으로 접한다. 현 정권이 KBS 같은 공중파 방송을 장악하고 전통적 종이신문을 회유하는 데 나선 것은 이런 계층이나마 붙잡아 매지 않으면 정권을 유지하기가 어렵기 때문이다.

현 정권과 방송의 상황은 그렇다 하더라도 5공화국 시절에도 작은 구석 기사로 진실을 전달하고자 했던 메이저 신문의 현실은 착잡하다. 최근에 있었던 안상수 한나라당 대표의 경우는 그런 사정을 잘 보여준다. 메이저 신문은 그들이 바로 서 있을 때는 중진 정치인이나 장관 정도는 사설이나 칼럼으로 날릴 수 있었다. 노태우 정권 시절의 실세였던 박철언 씨의 세(勢)가 꺾인 계기는 조선일보의 사내 칼럼이었다. 김대중 정부 들어서는 손숙 환경부 장관이, 노무현 정부 들어서는 최낙정 해양부 장관이 조선일보의 사설 한방으로 낙마했다.

그런데 안상수 대표의 경우는 달랐다. 정권이 안 대표의 사퇴를 요구한 조선일보의 사설을 우습게 본 것이다. 신문은 정권과 대립각을 세울 때 신뢰와 영향력을 갖게 됨을 잘 보여 주었다. 공중파 방송과 메이저 신문으로 대표되는 '올드 미디어'는 신뢰 추락과 영향력 상실이란 이중의 위기에 처해 있는 셈이다. 뉴미디어의 급속한 대두와 '올드 미디어'의 자충수가 빚어낼 '미디어 빅뱅'이 머지않은 것 같다.

5 시사 주간지의 건투를 빈다

기자협회보
2011년 2월 7일 자 게재

젊은 시절 나에게 가장 큰 영향을 준 신문이나 잡지를 들자면 〈타임 (TIME)〉이라고 하겠다. 중학교에 입학해서 영어를 배우기 시작할 때 동네 서점 판매대에 꽂혀 있던 타임과 〈라이프(LIFE)〉를 보고 나도 언젠가는 저런 잡지를 읽으리라 생각했다. 그리고 그 생각을 실천에 옮기게 되었다.

서울대학교에 입학하자마자 신입생 장기할인 구독으로 타임을 보기 시작했으니 이제 40년 넘게 정기구독을 한 셈이다. 처음 1년 동안은 영한사전의 도움이 필요했으나 1년이 지나니 저절로 읽을 수 있게 됐다. 베트남전쟁, 워터게이트 등 많은 역사적 사건을 타임을 통해 볼 수 있었다.

사설을 쓰지 않던 타임이 리처드 닉슨 대통령의 사임을 촉구한 사설을 이례적으로 내보낸 적이 있었는데, 그 사설은 몇 번을 읽어도 명문이었다. 그만큼 타임은 객관적이며 또 공정했다. 이사를 하면서 묵은 책과 잡지를 정리했지만, 타임은 버리지 않고 쌓아 두고 있으니 내가 생각해도 바보 같은 짓이다.

요즘 타임은 전과 달라서 내 취향에 맞지 않는 칼럼이 많다. 특히 시종일관 공화당을 비난하는 조 클라인의 칼럼은 정말 싫다. 하지만 오랫동안 보아 온 잡지이고, 아직은 읽을 만한 기사와 칼럼이 있어 계속 보고 있다.

타임은 지난 1989년 워너 사(社)와 합병했고, 이제는 구독자가 급속히 줄어들어 경영 압박을 받고 있다. 타임에 이어 시사 주간지 2위를 지켜 오던 〈뉴스위크〉는 적자 수렁에 깊이 빠지더니, 소유주인 〈워싱턴 포스트〉가 오디오 메이커 창업자 하만에게 단돈 1달러를 받고 매각하고 말았다. 뉴스위크는 구독자가 줄어드는 현상에 대처한다고 오피니언 위주의 편집을 하다가 오히려 독자를 더 많이 잃어버려서 그런 신세가 되고 말았다. 다소 보수적인 편집 성향을 견지해 오던 〈유에스 뉴스 앤드 월드 리포트〉는 발간 주기를 주간에서 월간으로, 그리고 또 계간으로 바꾸더니 이제는 온라인으로만 발행하기로 했다.

타임으로 대표되던 시사 주간지의 시대가 조만간 막을 내릴 것임을 예고하는 것 같다. 어쩌면 나는 타임이 고별사를 하고 문을 닫는 순간을 볼 수 있을 것 같은 예감마저 든다. 반면 우리나라에선 시사 주간지가 굳건하게 버텨 내고 있다. 전철을 타는 날이면 역 구내의 판매대에 시사 주간지가 저마다 자기를 사달라고 호소하듯이 꽂혀 있는 모습을 보게 된다. 뉴스위크가 적자로 주인에게 버림을 받는 상황인데 어떻게 해서 우리나라엔 시사 주간지가 그리 많은지 신기하기만 하다. 하기야 우리나라에는 신문도 열 개가 넘으니 시사 주간지라고 한두 개만 있으라는 법은 없다.

우리나라 시사 주간지는 기자 인력이 제한되어 있어 취재기사보다는 오피니언을 가미한 기획성 기사가 많다. 인터넷 매체의 발 빠른 보도에 비해 속보성에서 뒤지는 주간지는 그런 핸디캡을 심층 보도로 '커버'해야 하는데, 그런 취재를 할 수 있는 여건을 갖춘 경우는 거의 없다고 생각된다. 오히려 소수 인력으로 그 정도 주간지를 만들어 내는 것도 다행이라고 할 만하다. 몇몇 주간지는 공영방송과 메이저 신문이 4대강 등 현 정권에 '불편한 진실'에 침묵하고 있을 때 사실을 전하고 그러한 공영방송과 메이저 신문을 비판하기도 했으니 대단한 일이 아닐 수 없다.

시사 주간지의 미래도 40대 이하에 달려 있다고 하겠다. 인터넷을 통해 뉴스와 정보를 무료로 보는 데 익숙한 세대가 지갑을 열고 사서 볼 만한 콘텐츠를 제공하느냐가 관건이 될 것인데, 그것은 쉽지 않은 도전이다. 과다하게 오피니언화(化) 된 기사로 콘텐츠를 메우다 보면 독자층을 지나치게 국한하는 자충수를 둘 수 있고, 그렇다고 보편적인 뉴스로 지면을 메우다간 돈을 주고 사서 볼 이유를 상실하게 될 것이다. 시사 주간지가 쉽지 않은 난관을 극복해서 국민의 알 권리를 충족시키고, 또 다양한 오피니언을 반영하는 매체로 번창하기를 기대한다.

6   방송과 소셜테이너

시사IN
2011년 8월 11일 자(203호) 게재
원제: 레이건도 소셜테이너 출신이었다

손석희 교수가 진행하는 MBC 라디오 〈시선집중〉 제작팀이 배우 김여
진 씨를 고정 패널로 선정하자 경영진이 이를 취소한 사태의 파장이
커지고 있다. 홍익대 청소 노동자, 반값 등록금, 한진중공업 사태 등 민
감한 현안에 대한 발언으로 화제가 된 배우 김여진 씨 같은 사람은 방
송에 나와선 안 된다는 것이 MBC 경영진의 견해인데, 이 사건을 계기
로 이른바 '소셜테이너' 문제가 뜨거운 이슈로 등장했다.

〈시선집중〉이 김여진 씨를 진보 패널로 초청한 조처는 '정직'했다고
생각한다. 신문사 논설위원으로 있으면서 은근히 특정 정치인을 옹호
하는 글이나 쓰다가 그 정치인의 선거 캠프에 가담해 청와대 대변인과
홍보수석을 지낸다거나, 공영방송에서 중립적 사회자로 지명도를 높인
뒤에 정치·사회 운동에 뛰어드는 것에 비하면 '진보 패널'임을 미리 알
리고 출연토록 한 MBC 제작팀의 조처는 문제 될 것이 없다는 말이다.
배우나 가수 같은 연예인이라고 해서 방송에서 현안에 대해 언급하

지 말라는 법은 없다. 해당 연예인이 시청자나 청취자의 기대에 얼마나 부응하느냐 하는 것이 문제이지, 그들의 출연 자체는 방송국이 자율로 결정할 사항이다. 미국과 달리 방송에서 '공정성(fairness)' 원칙을 준수해야 하는 우리나라는 방송이 정치·사회 현안을 다룰 때는 상반되는 의견을 모두 반영해야 한다.

김여진 씨에 앞서 〈시선집중〉에 진보 패널로 참여했던 김기식 참여연대 정책위원장이나 보수 패널로 참여 중인 전원책 변호사는 모두 본업이 따로 있다. 시민운동가나 변호사는 사회문제에 대해 논평을 해도 되고 연예인은 해서는 안 된다는 이론은 어디서 나온 궤변인지 도무지 알 수 없다. 연예인은 원래 '수준'이 낮아서 그런 활동을 해서는 안 된다면, 현 정권에서 문화부 장관을 지낸 유인촌은 어디 출신이고, 성남시를 엉망으로 만들어 놓고 비리로 구속된 이대엽 전 시장은 어떤 출신인가.

김여진 씨의 출연이 좌절되자 〈시선집중〉 팀은 한겨레신문에서 화통한 지상 대담으로 유명해진 서해성 작가를 진보 패널로 출연시켰다. 서해성 작가와 전원책 변호사는 작가나 변호사라는 자신들의 본업보다는 사회 이슈에 목소리를 내는 데 더 치중하는 인물이다. 자신들도 소셜테이너와 별 다를 바 없는 이들이 '소셜테이너의 방송 출연'을 두고 대담을 했으니, 이런 '촌극'을 진행해야만 했던 손석희 교수의 심정을 헤아릴 만하다.

김여진 씨의 방송 출연이 좌절되자 배우 문성근 씨 등이 MBC에 출연 거부를 선언했다는 것도 그렇다. 이럴 때일수록 기를 쓰고 나와서 의견을 개진해야 하는데, 출연을 거부하겠다고 하니 자책골을 날리는 꼴이 아닌가.

할리우드의 유명 배우들이 베트남전쟁 반대, 이라크전쟁 반대, 원자력발전 반대 등에 앞장선 경우가 많았음은 잘 알려져 있다. 이들은 해당 분야에 대해 전문성은 별로 없지만, 대중을 움직일 수 힘이 있어 논란이 되었다. 베트남전쟁이 한창일 때에 여배우 제인 폰다는 베트남전쟁을 반대하는 모임을 주도하는가 하면, 북베트남을 방문해 공산 베트남군의 대공포대 앞에서 사진을 찍어 많은 미국인을 경악하게 했다. 폰다의 행동에 대해 적국을 이롭게 한 '반역행위'라는 비난까지 일었다.

유명 연예인이 사회문제에 의견을 피력하는 것을 뭐라 할 수는 없지만, 사회문제에 대한 이들의 목소리가 자신의 사생활이나 영화 속의 배역과 너무 다른 경우는 문제라고 할 것이다. '지옥의 묵시록'에서 미국 육군 대위로 나온 마틴 신이 반전(反戰)운동을 하고, 호화로운 생활로 유명한 바브라 스트라이샌드가 환경운동에 얼굴을 내미는 것이 그런 경우다.

1980년대 '보수 전성기'를 연 로널드 레이건 전 미국 대통령도 소셜테이너 출신이다. 그저 그런 대학을 나온 영화배우이던 레이건은 제너럴 일렉트릭(GE)의 후원으로 방송을 진행하고 나서 유명해졌다. 하지만 레이건은 방만한 TVA(테네시강 유역 개발공사)를 비판한 것이 빌미가 되어 방송을 그만두어야 했다. 레이건이 "TVA가 멍청하게 운하를 건설해서 세금을 낭비한다"라고 말한 것을 두고 TVA는 GE에 항의했고, TVA에 터빈을 공급하던 GE는 프로그램을 아예 중단해 버렸다. 그러나 이미 유명해진 레이건은 정치에 뛰어들어 캘리포니아 주지사에 당선됐고, 대통령이 되어 역사의 물줄기를 바꾸었다. 멍청한 TVA와 GE가 레이건이라는 '영웅'을 만든 셈이다.

chapter VI 신화와 진실

1   '뉴딜'

조선일보
2004년 7월 21일 자 게재
원제: '뉴딜'의 神話와 진실

열린우리당 대표가 수도 이전을 한국판 '뉴딜 정책'이라고 치켜세우더니 노무현 대통령은 건설경기 활성화를 위해서라도 수도 이전을 해야 하며 그래야 국부(國富)가 축적될 것이라 했다. 뉴딜에 대한 오해에서 비롯됐다면 그나마 다행이겠지만, 정말로 한국판 '뉴딜'을 시행할 참이라면 예삿일이 아니다.

보통 사람들이 알고 있는 상식과 그것의 진실이 다른 경우를 흔히 '신화(神話)'라고 부르는데 뉴딜도 그런 면이 있다. 우리는 무분별한 자본주의가 1920년대 말에 대공황을 초래했고, 루스벨트 대통령이 뉴딜 정책으로 이를 극복했다고 말한다. 그리고 대표적인 뉴딜 정책으로 테네시 계곡 개발 같은 대규모 공공사업을 든다. 하지만 이것은 '신화'에 불과하다.

대공황을 촉발한 1929년 주식시장 붕괴의 직접적 원인은 연방정부가 통화 공급을 갑자기 줄인 것이라고 보는 학자가 많다. 여하튼 당시 후버 대통령이 상황을 통제하지 못하자 미국민은 루스벨트에게 희망을 걸었다. 대통령에 취임하자마자 루스벨트는 개혁 성향의 젊은 법률가들을 대거 기용해 뉴딜 정책을 밀고 나갔다. 정부가 가격과 생산량을 통제하고 은행을 조각내는 등 전에 없던 시장개입을 했다. 훗날 밀튼 프리드먼 교수는 이런 반(反)시장적 정책 때문에 몇 년이면 끝날 공황이 장기화됐다고 지적했다.

공황이 깊어가자 사람들은 정부의 보다 직접적인 조치를 요구했다. 캘리포니아의 한 의사가 60세 넘은 노인들에게는 연방정부가 매월 200달러의 연금을 주고, 이를 받은 노인이 매달 이 돈을 다 쓰면 경기가 회복될 것이라고 주장했는데, 이런 황당한 제안을 담은 법안이 의회에 제출됐다. 어떤 의원은 부자에게 세금을 중과해서 그 돈으로 모든 미국 가정에 연 5000달러 수입을 보장하는 법률을 제정하자고 선동했다.

이런 분위기 속에서 루스벨트는 대대적인 공공토목 사업을 벌이고, 매년 수십억 달러의 예산을 들여 수백만 명에게 일터를 제공했다. 예산이 너무 들어가서 정부가 그 규모를 줄이자 실업자가 도로 늘어났다. 정부 공사가 펌프에 물을 붓는 '마중물 효과'가 없음이 드러난 것이다. 나치 독일과 공산 소련이 토목공사와 군비 확장으로 공황을 극복했음에도 미국은 공황에서 허덕이고 있었으니 한심한 일이었다.

그러던 중 제2차 세계대전이 일어났고, 정부는 대기업에 대한 적대적 정책을 포기했다. 대기업은 군수물자 생산에 전력투구했고, 젊은이들은 전쟁터로 향했으니 공황과 실업이 사라져 버렸다. 대공황을 끝낸 것은 뉴딜이 아니라 전쟁이었다.

뉴딜이 남긴 유산의 하나가 테네시 계곡 개발공사(TVA)이다. 댐 건설은 국지적 사업이라 공황 극복에 별 도움이 되지 못했다. 발전량도 얼마 안 되지만 지역 특성상 수몰 지역이 넓어 지역경제는 더욱 낙후됐다. 세금면제 등 온갖 특혜를 안고 출발한 TVA는 오늘날 300억 달러나 되는 부채로 허덕이고 있다. TVA는 공기업의 비효율성을 잘 보여주는 사례다.

뉴딜주의자 중에는 공산주의자가 적지 않았다. 1990년대 들어 공개된 옛 소련과 미국 정보당국의 비밀문서에 의하면 공공토목 사업을 총괄했던 뉴딜의 기수(旗手) 해리 홉킨스는 소련의 간첩이었다. 루스벨트가 사망해서 트루먼이 대통령직을 승계하자 뉴딜주의자들은 설 자리를 잃어버렸다. 하늘이 미국과 자유 세계를 구한 것이다. 우리가 '뉴딜'이니 뭐니 하는 허울 좋은 사회주의 정책의 함정을 경계해야 하는 것은 이 같은 역사의 교훈이 있기 때문이다.

2   '매카시즘'

동아일보
2004년 11월 25일 자 게재
원제: 역(逆)매카시즘의 함정

우리나라는 심각한 이념 갈등에 시달리고 있다. 무슨 사건이 생기면 '매카시즘'이니 '역(逆)매카시즘'이니 하는 말이 나온다. 검찰이 송두율 씨를 기소하자 진보세력은 "매카시즘을 중단하라"고 요구했다. 10월 말 아시안 월스트리트 저널이 "한국 집권당이 추진하는 개혁 입법은 북한이 원하는 일"이라고 비판하자 열린우리당의 한 의원은 이를 '천박한 매카시즘'이라고 비난했다.

매카시즘(McCarthyism)은 1950년대 초 미국 조지프 매카시 상원의원이 국무부에 57명의 공산당원이 있다고 주장해 파문을 일으킨 데서 비롯된 용어다. 매카시의 주장이 나오자 상원은 이를 조사하기 위한 청문회를 열었다. 중국이 공산화되고 6·25전쟁이 일어난 상황에서 벌어진 청문회는 큰 주목을 받았다. 프랭클린 루스벨트와 해리 트루먼의 민주당 행정부에서 대외정책에 간여했던 고위 관료와 저명인사들이 줄줄이 증언대에 나왔다. 그러나 청문회가 해를 넘겨 계속되고 분명한 증거도 드러나지 않자 피로감이 감돌았다. 상대방을 유죄인 것처럼 몰아붙이는 매카시 의원의 수법도 물의를 빚었다. 1954년 12월 2일, 상원은 매카시를 견책하는 결의를 통과시켰다. 매카시는 실의에 빠져 1957년 5월 48세로 사망했다.

매카시 청문회에서 곤욕을 치렀던 존스홉킨스대학의 오웬 래티모어는 증거도 없이 상대방을 공산주의자로 몰아붙이는 수법을 '매카시즘'이라고 불렀다. 그 후 이 말은 진보파의 '전가(傳家)의 보도(寶刀)'가 됐다. 진보세력은 간첩 혐의를 받았던 앨저 히스, 원자탄 기밀을 소련에 넘겨준 혐의로 사형당한 로젠버그 부부 등 많은 사람이 매카시즘의 희생자라고 주장했다. 보수 정치인들은 매카시스트로 비난받을까 봐 입을 닫았다.

세월이 흘러 소련이 무너지고 냉전 시대의 극비문서가 햇빛을 보게 됐다. 히스 등 매카시가 소련의 간첩이라고 지목했던 사람들은 정말 간첩이었다. 매카시가 문제를 선동적으로 다룬 것은 잘못이지만 그가 제기했던 것은 진실과 대체로 부합했다. 매카시는 루스벨트와 트루먼 행정부가 공산주의에 대해 미온적으로 대처했다고 비난했는데, 이도 사실이었다. 1940년대에서 1950년대 초에 이르는 동안 미국 정부 내에는 소련의 간첩이 많았다. 매카시즘이란 용어를 만들어 낸 래티모어는 한반도가 소련 통치하에 들어가는 게 좋다고 공공연하게 말했던 공산주의자였다.

매카시가 어떻게 이런 정보를 입수했는가에 대해선 아직 논의가 있지만 에드거 후버 당시 미국연방수사국(FBI) 국장이 제공했을 것이라는 설(說)이 유력하다. 하지만 후버는 1953년 공화당 행정부가 들어서자 더 이상 매카시를 도울 필요를 느끼지 않았다. 이 상황에서 린든 존슨 당시 민주당 상원 원내대표는 매카시에 대한 징계를 추진했다.

매카시는 가난한 농촌에서 태어난 입지전적 인물로 성격이나 행태에 있어 문제가 많았다. 그러나 그의 개인적 문제와 별개로 그의 주장이 진실에 근접해 있었다는 점은 매우 중요하다. 매카시 때문에 많은 미국 시민이 고통을 당했다는 주장도 사실과 거리가 멀다. 그로 인해 고통을 당한 사람은 대부분 간첩과 공산주의자, 그리고 중국 본토를 공산당에 넘겨준 무능한 관료들이었다.

최근 미국에선 매카시에 대한 재평가가 이뤄지고 있다. 그가 어느 정도 누명을 벗을지 모르지만, 나름대로 진실을 말한 매카시는 '미친 사람'으로 몰아붙이고, 조국을 배반한 히스 같은 간첩은 '지성인'으로 받드는 것은 잘못돼도 한참 잘못됐다는 '반성'이 나오고 있다. 진보니 좌파니 하는 사람들이 문제만 생기면 '매카시즘'을 들먹이고, 보수니 뭐니 하는 사람들은 그 앞에서 할 말을 잃어버리는 우리의 요즘 세태도 시간이 지나고 보면 우스운 것이 될지 모른다.

3   '마셜 플랜'

문화일보
2005년 6월 29일 자 게재
원제: '북한판 마셜 플랜'의 허구성

정동영 통일부 장관이 북한 김정일 위원장에게 북한 경제를 회생시키기 위한 대규모 경제지원 대책, 즉 '북한판 마셜 플랜'을 제안한 것으로 알려졌다. 북한에 대한 에너지와 식량 지원을 대폭 늘리고 경제특구를 건설하는 '마셜 플랜'을 통해 북한을 평화협상 테이블로 불러오겠다는 것이 정 장관의 구상인 것 같다.

2003년 초, 정 장관은 당시 노무현 대통령 당선자의 특사 자격으로 스위스에서 열린 다보스 포럼에 참석해서 한국이 '북한판 마셜 플랜'을 검토하고 있다고 밝힌 바 있다. 북한이 핵무기를 개발하고 있는 상황에서 이 같은 대규모 대북 지원이 타당한지는 의문이지만, 그런 논쟁은 해묵은 것이니 여기서 새삼 언급할 필요는 없다.

흥미로운 점은 정 장관이 '마셜 플랜'을 경제를 회생시키는 만병통치약처럼 생각하고 있다는 것이다. 중고등학교 수준의 교과서는 제2차 세계대전으로 파괴된 유럽 경제를 되살리기 위해 당시 미국의 조지 마셜 국무부 장관이 '마셜 플랜'을 제창했고, 이 플랜에 의해 미국은 유럽에 막대한 경제지원을 해서 유럽을 되살렸다고 설명할 것이다. 하지만 많은 학자는 이런 설명에 동의하지 않는다.

1948~1951년 미국은 '마셜 플랜'에 따라 유럽에 130억 달러를 제공했는데, 오늘날 화폐가치로 환산하면 1000억 달러에 달하는 막대한 돈이다. 미국은 서유럽이 전쟁으로 인한 피폐에서 빨리 회복해서 동유럽 공산권의 위협에 대처하기를 기대했다. 미국의 이런 기대는 크게 어긋나지 않았고, 그래서 마셜 플랜을 성공한 정책으로 보기도 한다. 하지만 근래에 마셜 플랜에 대해 연구한 학자들은 이와는 정반대의 평가를 하고 있다. 마셜 플랜이 성공했다는 것은 '신화'에 불과하다는 것이다.

마셜 플랜에 의해 지원을 받은 나라 가운데 패전국인 독일의 경제회복이 가장 빨랐는데, 이는 마셜 플랜 덕분이 아니라 아데나워 총리가 이끈 기민당 정부가 시장경제 체제로 개혁을 신속하게 추진했기 때문이었다. 물론 독일은 마셜 플랜에 의해 제공된 돈을 미군 주둔 비용에 충당하는 등 요긴하게 사용했지만, 경제부흥을 결정적으로 이끈 것은 시장경제 체제로의 개혁이었다.

마셜 플랜의 최대의 수혜자는 미국의 동맹국인 영국이었다. 하지만 영국의 경제회복은 가장 느렸다. 노동당 정권이 들어서면서 사회주의 경제개혁을 했기 때문이다. 돈을 퍼부어 경제가 되살아날 수 있다면 영국이 가장 먼저 침체에서 벗어났어야 했다. 하지만, 영국 경제가 본격적으로 회복하기 시작한 것은 마가릿 대처가 총리가 되고 난 후인 1980년대에 들어서이다. 마셜 플랜이 유럽 경제를 부흥시켰다고 보는 것이 한갓 '신화'임은 영국의 경우가 입증하는 셈이다.

마셜 플랜으로 제공된 돈이 엉뚱한 데에 쓰이기도 했다. 마셜 플랜의 지원을 받던 프랑스와 네덜란드는 그들의 해외 식민지 지배권 부활을 위해 군대 파견에 많은 돈을 지출했다. 달러가 '천(千)의 얼굴'을 갖고 있음을 보여주는 대목이다.

더 큰 문제는 마셜 플랜의 '신화'가 오랫동안 지속됐다는 데 있다. 냉전 시대에 미국은 제3 세계에 대해 막대한 지원을 했지만, 시장경제 체제로 전환하지 않은 나라들은 계속 빈곤의 악순환에 빠져 있다. 제3 세계판(版) 마셜 플랜은 철저하게 실패한 것이다. '퍼주기'식 지원의 실패가 미국에 국한된 것도 아니다. 동서독 통일 후 독일 정부는 동독지역에 무려 6000억 달러를 퍼부었지만, 동독지역의 경제는 계속 파산상태에 머물러 있어 독일 자체에 큰 부담이 되고 있다. 동독판 마셜 플랜도 처참하게 실패한 것이다.

우리 정부가 북한에 대해 대규모 경제지원을 하려는 것은 잘못된 판단일뿐더러 위험한 발상이다. 이런 위험한 발상을 북한판 '마셜 플랜'으로 포장하여 세일하고 나선 데 대해선 쓴웃음을 짓지 않을 수 없다.

4 집단소송제

문화일보
2003년 7월 29일 자 게재
원제: 집단소송제 도입, 소송 남발 우려

며칠 전, 국회 법사위원회 소위가 '증권 분야 집단소송법(안)'을 통과시켰다. 그러면서 민주당의 한 의원은 "기업 경영의 투명성 확보를 위해 모든 상장 등록기업을 대상으로 집단소송제를 실시하는 것으로 여야가 합의했다"고 밝혔다. 하지만 국회의원들은 자신들이 '프랑켄슈타인'을 불러들이고 있다는 사실을 알아야 한다.

미국에서 집단소송이 본격적으로 이용되기 시작할 즈음 하버드대학의 아서 밀러 교수는 집단소송이 '갑옷 입은 기사'이거나 '프랑켄슈타인'일 것이라고 지적했다. 집단소송이 소비자나 소액주주의 권익을 보호하는 장치가 될 수도 있지만, 어느 누구의 통제도 받지 않는 괴물이 될 수도 있음을 지적한 것이다.

이제 집단소송이 '프랑켄슈타인'임은 누구나 알고 있는 사실이다. 저명한 법학자이기도 한 리처드 포스너 판사는 집단소송이 '변호사를 위한 협박 공갈 수단'으로 전락했다고 비판했다. 미국에서 집단소송의 폐해는 널리 알려진 사실이다. 오남용(誤濫用)이 워낙 심해서 원래의 취지는 사라져 버린 지 오래다. 월스트리트저널, 워싱턴포스트 등 유력 신문들도 집단소송의 폐단을 지적하는 사설을 여러 차례 실었다. 집단소송 변호사의 탐욕과 음모는 존 그리섬의 소설에 등장할 정도다.

증권 집단소송이 주주(株主)의 권익을 보호한다고 생각하면 큰 오산(誤算)이다. 증권 집단소송을 운영하고 있는 미국의 경우를 보면 현실을 잘 알 수 있다. 어떤 기업이 희망적 전망을 했음에도 주가가 떨어지면 변호사들은 소송을 걸고, 그러면 주가가 더 떨어져서 이를 못 견딘 기업은 원고 측 변호사와 타협을 해서 사건을 매듭짓는 것이다.

변호사가 챙긴 돈은 결국 주주의 돈이니 소액주주는 제 살 깎아 먹는 격이다. 실제로 미국의 주식투자가들은 집단소송을 주주에 대한 위험 요소로 보고 있다. 지난 1995년 의회가 빌 클린턴 대통령이 거부권을 행사한 '증권소송개혁법안'을 재가결하여 통과시키자 주가가 상승했다.

미국에서 집단소송을 찬양하는 집단은 소송으로 먹고사는 변호사와 기업에 비판적인 시민단체뿐이다. 이 제도를 우리나라에 도입하자고 주장하는 집단도 미국의 경우와 크게 다르지 않다. 집단소송을 도입하면 주식시장이 건전화되며 기업 경영이 투명하게 될 것이라는 이야기는 한마디로 코미디다. 엔론 사건, 월드컴 사건 등에서 보듯이 집단소송은 이런 대형 회계부정을 막는 데 무력했다. 반면 하찮은 트집을 잡아 기업을 상대로 공갈 협박하는 데는 탁월하게 기능했다.

정부가 진정으로 기업 경영을 투명화하고 싶다면 기업을 규제하는 정부 기관부터 투명해져야 한다. 우리나라는 금융감독 기관의 책임자들이 줄줄이 교도소로 가는 판이니 정부가 어떻게 투명 경영을 이야기할 수 있는가. 변호사들이 집단소송을 도입하자고 주장하는 것은 속이 들여다보이는 말이다. 사법시험 합격자가 연간 1000명이나 되어 변호사가 거리로 쏟아져 나오는 판에 집단소송을 도입하면 어떤 사태가 생길지는 불 보듯 뻔하다.

집단소송의 폐단이 많다는 사실이 점차 알려지자 정부는 그 남용을 막기 위한 장치를 추가했다. 집단소송 남소(濫訴)를 방지할 장치를 강구한다고 하지만 과연 얼마나 실질적인 효과를 얻을 수 있는 대안인지 알 수 없다. 유력한 안전장치는 제소할 수 있는 원고 자격을 엄격히 하는 것이다. 하지만 국회 소위가 통과시킨 법안이 마련한 제소 요건인 '지분율 1만분의 1 이상을 가진 50인 이상 주주 또는 원고 주주 취득가액 1억 원'은 소송 남발을 억제하지 못할 것이다. 집단소송에 있어서 1억 원은 속된 말로 '껌값'이기 때문이다.

허위공시 등은 규모가 작은 기업에 많음에도 불구하고 원래 법안은 소송 대상을 자산 2조 원 이상 대기업에 국한하고 있었다. 이 법안을 만든 사람들이 주식시장 건전화보다는 대기업 죽이기에 더 큰 목적이 있었음을 보여 주는 것이다. 이에 대해 비판이 일자 모든 상장기업을 소송 대상으로 했다. 소송 대상을 확대한 것을 보고 쾌재를 부를 사람은 변호사들이다. 이제 주주 50명과 변호사 몇 명이 합심하면 웬만한 코스닥 기업은 간단하게 거덜 날 것이다. 집단소송이 '변호사를 위한 협박 수단'으로 전락했다는 것이 바로 이를 두고 하는 말이다.

증권 집단소송제 도입이 '판도라의 상자'를 여는 점도 문제다. 소비자 집단소송을 도입하자는 말도 있고, 심지어 언론 집단소송을 도입하자는 주장도 있으니 기가 막힐 따름이다. 증권 집단소송을 도입한다고 해서 기업 경영이 투명해지지는 않을 것이다. 오히려 악덕 변호사가 활개 치고 멀쩡한 기업이 도산하는 등 부작용만 커질 것이다. 우리 사회에 만연한 반(反)기업적 풍조 때문에 이런 제도가 도입되고 있으니 우려하지 않을 수 없다.

5 상속세

문화일보
2006년 5월 16일 자 게재
원제: 글로벌 트렌드 역행하는 상속세 중과(重課)

전경련 등 경제단체에서 우리의 현행 상속세 제도로 인해 기업 승계가 불가능해지고 있다면서 시정을 요구하고 나서 추이가 주목된다. 많은 나라가 상속세를 아예 폐지하거나 축소하고 있는 데 비해 우리나라만 유독 고율(高率)의 상속세를 부과하고 있어 경영권 승계가 불가능하다는 주장이다. 이에 대해 정부와 참여연대 등 시민단체들은 상속세는 부(富)의 승계를 막아 정의로운 사회를 만드는 데 필수적인 세금이라고 주장한다.

현재의 상속세 제도 아래에선 30년 정도만 지나면 우리나라의 큰 기업들은 대부분 창업가(家)의 손을 떠나게 되는 현상을 마주하게 될 것이다. 50%가 넘는 막대한 상속세를 내기 위해 상속인들은 주식을 처분하는 수밖에 없고, 그로 인해 경영권 장악이 불가능해지는 것이다. 창업가의 손을 떠난 '주인 없는 기업'이 잘 운영될 것 같지만 과거 기아자동차의 경우에서 보듯이 그것은 환상에 불과하다. 그런 기업이 소액주주의 손에 머물기보다는 외국계 투기자본으로 넘어가는 경우가 많을 것임은 충분히 상상할 수 있다. 세금 낼 돈으로 투자를 했으면 초일류가 될 만한 우수한 기업이 론스타 같은 외국 펀드의 수중에 떨어질 것이라는 말이다.

상속세가 반드시 대기업에 국한된 문제만도 아니다. 우리나라의 경제 규모가 커졌기 때문에 웬만한 중소기업주는 상속세를 맞게 될 것이다. 기업주가 사고나 급환으로 별안간 사망하는 경우는 특히 비극적이라서, 세금 내다가 멀쩡한 기업이 도산하기도 한다. 자기 소유 건물에서 제법 규모가 큰 식당을 운영하다가 사망하면 자식들이 상속세를 내기 위해 건물을 팔아야 하는 상황이 생기기도 한다. 이처럼 상속세 중과(重課)는 대(代)를 이어 가업을 계승하는 아름다운 관행을 금지하는 것이다.

현행 제도하에서는 상속세가 기업인에게만 해당하는 것도 아니다. 소득과 자산가치가 증가한데다 재산세 과표마저 현실화해 평범한 중산층 가정도 상속세 벼락을 맞을 수 있다. 부모의 일방이 사망하면 기본적으로 10억 원, 혼자 계시던 부친 또는 모친이 사망하면 기본적으로 5억 원의 공제를 인정받으며 초과분에 대해선 상속세가 부과되는데, 부유층이 아니더라도 이런 기준을 넘는 경우가 많다. 더구나 재산의 대부분이 주택인 한국인의 자산 구조 특성 때문에 부모가 사망하면 상속세를 내기 위해 주택을 팔고, 그러다가 양도세마저 내야 하는 비극이 발생할 수 있다. 사람이 죽어서 애통한데 정부가 도와주기는커녕 돈을 훑어가는 것이다.

상속세는 경제활동의 기본단위가 가정이라는 평범한 진리를 무시한 반(反)윤리적인 세금이다. 상속세 때문에 열심히 일해서 저축하고 투자하는 동기를 상실하게 된다. 상속세는 온갖 세금을 다 내고 모아진 재산에 대해 그 돈을 모은 사람이 사망했다는 이유로 또다시 부과하는 부당한 이중과세이며, 열심히 일한 사람을 벌하는 부도덕한 세금이다. 상속세 때문에 흥청망청 쓰고 죽자는 나쁜 풍조가 생기며, 자식을 낳아 키울 동기를 저감시키기도 한다.

상속받을 재산이 없는 사람은 상속세를 부과하는 것이 공평하다고 생각할 수도 있다. 하지만 사람은 두뇌·성격 등 모든 면에서 원래 불공평하게 태어나는 것이지, 부모의 재산 차이만 불공평한 게 아니다. 부모가 자식에게 많은 돈을 들여 공부시켜서 전문직업인으로 키워내는 데는 세금을 부과하지 않는다. 그렇다면 부모가 자식에게 가업을 물려주는 데 고율의 세금을 부과하는 것은 형평에 맞지 않는다.

호주, 이탈리아, 스웨덴, 이스라엘 등 많은 나라가 상속세를 폐지한 데 이어 미국도 '상속세 영구폐지법'을 통과시키려 하고 있다. 그런데 유독 한국만 기업 재산이 사회로 환원돼야 한다는 등 엉뚱한 이야기를 하고 있다. 미국의 헤리티지재단은 미국이 연방 상속세를 폐지할 경우, 투자가 촉진돼 연간 17만~25만 개의 일자리가 늘어나고, 이로 인해 세수(稅收)가 늘어날 것이라고 전망하고 있다. 경청할 만한 주장이 아닐 수 없다.

6   징벌적 배상제

한국경제
2006년 6월 30일 자 게재
원제: 징벌적 배상제의 함정

몇몇 시민단체와 이에 동조하는 변호사들이 기업을 상대로 한 징벌적 배상제도를 도입하자는 주장을 펼치고 있다. 이들은 우리의 현행법 체계는 선량한 피해자보다는 사악한 가해자 편에 서 있어 기업의 비윤리적인 행태를 견제해 사회적 약자를 보호하기 위해서는 미국에서와 같은 징벌적 배상제도를 도입해야 한다고 주장한다.

그러나 이런 주장은 사실을 왜곡해 여론을 오도하는 것이다. 세상 현상을 강자와 약자, 선(善)과 악(惡)으로 구분하는 2분법도 어처구니없거니와 징벌적 배상제도는 부작용이 너무 많아 정작 미국에서도 이를 폐지하자는 논의가 일고 있기 때문이다. 징벌적 배상(punitive damage)은 민사소송에서 피고의 행위가 특히 도덕적으로 나쁜 경우에 법원이 재량으로 내리는 추가적 손해배상 판결을 의미한다.

1760년대 영국 법원의 판결에서 비롯된 이 제도는 얼마 후 미국에도 뿌리를 내렸다. 20세기 전반기까지 이 제도는 별다른 논쟁을 일으키지 않았다. 그러나 최근 20년간 소송남용이 심화됨에 따라 징벌적 배상제도는 집단소송과 더불어 미국을 '소송 지옥'으로 몰고 가는 원흉이라는 비판을 받고 있다. 감정에 좌우되기 쉬운 배심원들이 황당한 판결을 내리는 경우가 많고, 피해자보다 변호사들이 배상금을 더 많이 챙겨 가는 현상마저 생겨 뜻있는 변호사들도 눈살을 찌푸리게 된 것이다.

맥도날드의 뜨거운 커피로 화상을 입은 여인에게 16만 달러의 손해배상 외에 270만 달러의 징벌적 배상 판결을 내린 것이 징벌적 배상의 대표적 사례다. 알래스카에서 유조선 사고를 일으킨 엑슨 석유회사에 대해선 1심에서 무려 50억 달러에 달하는 징벌적 배상 판결이 내려져 10년 넘도록 소송이 진행되고 있다. 이들 사건에서 피해자들은 정당한 손해배상을 받아 마땅하다. 그러나 피해자들과 이들을 대리한 변호사들이 실제 손해액의 10배에서 수백 배에 이르는 배상을 추가로 받아야 할 이유는 존재하지 않는다.

최근 미국에선 경미한 사안임에도 불구하고 막대한 징벌적 배상 판결이 나오는 경우가 늘어나 변호사들은 대박을 노리고 소송을 마구 제기하고 있다. 소비자는 물론이고 웬만한 전문가도 알아볼 수 없을 정도로 극히 미세한 부분 도색작업을 한 고급 승용차를 판매한 자동차회사에 대해 4백만 달러의 징벌적 배상 판결이 내려지기도 했다. 이런 소송으로 인해 기업이 보다 윤리적 경영을 하게 된다면 그나마 다행일 것이다. 하지만 많은 경험적 연구는 징벌적 배상제도가 그런 효과를 가져오는 바가 거의 없다고 결론 내리고 있다. 반면 징벌적 배상이 가능하다는 사실 자체만으로 기업들은 필요 이상으로 방어적 경영을 하게 되는 등 부작용이 커지고 있다.

민사소송에서 피고로 지정된 기업은 당연히 자기방어를 하는 것인데, 이를 두고 피고가 반성하는 바가 없다고 징벌적 손해배상 판결을 내리는 것도 우스운 것이다. 실제 피해액을 훨씬 능가하는 징벌적 배상을 명하는 것은 위헌이라는 주장도 나오고 있다. 2005년 미국 대법원은 과다한 징벌적 배상은 헌법에 위반된다고 판시했다. 거기에 그치지 않고 샌드라 오코너 등 몇 명의 대법관은 징벌적 배상제도 자체가 헌법의 적법절차 조항에 위반된다는 입장을 견지하고 있다. 몇몇 주(州)는 징벌적 배상을 아예 폐지하거나 배상액에 상한선을 정하는 법률을 제정했다. 미국 의회도 징벌적 배상제도를 개혁하기 위한 청문회를 열었다.

집단소송과 마찬가지로 징벌적 배상제도도 원래 취지는 좋았으나 결국에는 소송남용이란 함정에 빠져 변호사들의 돈벌이 장치로 전락하고 말았다. 따라서 증권집단소송에 이어 징벌적 배상제도를 도입하면 가뜩이나 저조한 기업 활동과 투자를 위축시켜 부족한 일자리를 더욱 부족하게 할 것임은 불을 보듯 뻔하다. 무엇보다 소송남용을 부추기는 반(反)기업적 제도를 새삼스럽게 도입하려고 애쓰는 나라는 지구상에 우리나라밖에 없다는 사실에도 주목해야 할 것이다.

7   '노블레스 오블리주'

기자협회보
2010년 10월 4일 자 게재

국무총리 등 고위공직에 거론되는 사람들이 석연치 않은 사유로 병역을 면제받은 것이 아니냐는 논란이 있을 때 언론에 종종 등장하는 단어가 '노블레스 오블리주'이다. 프랑스 원어를 그대로 번역하면 "귀족은 의무가 있다"는 뜻이니, "귀족은 솔선수범하고 베풀어야 한다"는 의미다. 하지만 프랑스 구(舊)체제(앙시앵 레짐) 시절의 귀족은 베풀기는커녕 대중을 수탈하는 것으로 일관했다. 그렇다면 '노블레스 오블리주'라는 단어는 반어적(反語的)으로 쓰였던 것이 아닌가 한다.

우리 언론이 병역과 관련해서 노블레스 오블리주를 거론할 때 자주 드는 예는 존 F. 케네디다. 허리가 나빠서 군대에 안 갈 수 있었음에도 국방의 의무를 다하기 위해 무리해서 해군에 입대해 남태평양에서 부상을 당했다는 이야기를 꺼낸다. 그러면서 우리나라 지도층의 공적 의무 회피를 비교해 질타하는 것이 기사나 칼럼의 정해진 공식이다.

또한 하버드 등 미국의 명문대학에는 제2차 세계대전 등 전쟁에서 전사한 재학생들을 기리는 기념비가 있다면서 미국은 명문대학 학생들이 국방의 의무에 솔선수범하는 데 비해 우리나라의 명문대 출신은 그렇지 못하다는 조(調)로 꼬집기도 한다. 하지만 나는 우리 언론이 이런 기사를 쓸 자격이 있는지 의심스럽다. 얼마 전 어느 장관에 지명되었다가 위장전입 등 온갖 의혹으로 낙마한 인물이 언론계 출신이었으니 말이다.

노블레스 오블리주를 들먹일 때 흔히 예로 드는 케네디 가문에 대해서도 생각해 볼 점이 많다. 주식투기와 밀주(密酒)로 일확천금을 챙긴 존 F. 케네디의 아버지 조지프 케네디는 아들을 대통령으로 만들려는 야심이 있었는데, 그러기 위해선 아들이 군 복무를 해야 함을 잘 알고 있었다. 허리가 안 좋아서 육군 신체검사에 떨어졌던 존 F. 케네디가 무리해서 해군 장교로 임관된 것도 그런 측면이 컸다. 조지프 케네디의 큰아들은 유럽 상공에서 시험 비행 중 전투기가 폭발하는 사고로 사망했고, 대형 함정에 비해 안전할 줄 알고 연안 경비정을 탔던 존 F. 케네디는 부상을 입었다. 전쟁은 케네디 가문도 피해가지 않았던 것이다.

히틀러와의 전쟁에 미국이 개입하는 것을 싫어했던 유화파(宥和派)였던 조지프 케네디가 어떤 생각을 했을지는 쉽게 상상이 갈 것이다. 존 F. 케네디의 동생인 로버트 케네디와 에드워드 케네디의 병역기록은 형의 그것에 비하면 초라하다. 보통 사람이라면 이들처럼 병역을 할 수는 없다는 것이 일반적인 평가다. 케네디 가문을 제대로 아는 사람이면 케네디 가문이 병역을 자발적으로 이행해서 모범을 보였다고 말할 수 없다.

　미국의 명문대학 학생들이 조국을 수호하는 데 모범을 보였다는 이야기도 허구인 면이 많다. 미국은 전쟁에서 자신을 희생한 사람들을 잘 기린다. 전쟁에서 사망한 재학생을 기리는 기념비는 명문 사립대학에만 있는 것이 아니라 주립대학에도 있다. 웬만한 도시에는 전몰용사를 기리는 기념비가 있는데, 작은 마을에는 전쟁에 참전한 그 마을 출신의 이름을 모두 적어 놓은 기념탑도 있다. 제2차 세계대전, 한국전쟁, 그리고 베트남전쟁에서 소대장이 전사하는 비율이 높았고, 그런 초급 장교는 사관학교나 학군단을 졸업한 경우가 대부분이어서 대졸 전사자가 많았던 것은 사실이다. 하지만 제2차 세계대전 중 노르망디 해안과 태평양의 많은 섬에서, 그리고 한국전쟁 중 낙동강과 장진호에서 산화한 미군 장병들의 대부분은 '농촌 아이들(Farm Boys)'이었다는 사실이 더 중요하다.

　비겁한 파리지엔들은 고상한 문화도시 파리가 파괴되어서는 안 된다고 나치 군대에 항복했지만 그런 파리를 나치로부터 해방시킨 미군 장병들의 대부분은 파리는커녕 디트로이트 같은 도시도 가 보지 못한 시골뜨기들이었다. 베트남전쟁 때는 더 말할 나위가 없다. 좋은 대학을 나오고 대학원과 로스쿨을 다니면서 병역을 면제받거나 그러는 사이에 전쟁이 끝나 버려서 딕 체니, 빌 클린턴, 루디 줄리아니는 베트남에 가지 않았지만, 고등학교를 졸업하고 갈 데가 없던 아이들은 정글 속에서 피를 흘렸다.

우리 언론이 노블레스 오블리주를 말할 때 그들은 잘못된 사실을 전달하고 있는 것이다. 우리 국민들이 고위공직자와 사회지도층에 대해 절망하는 이유는 그들이 노블레스 오블리주를 실천하지 않아서가 아니다. 그들이 보통 사람들이 하는 만큼도 하지 않은 위선자들이기 때문에 분노하는 것이다. 노블레스 오블리주란 원래 존재하지 않는 것이다.

chapter **VII** **냉철한 재고**

1 뉴올리언스

조선일보
2005년 9월 6일 자 게재
원제: 비운의 뉴올리언스

필자는 오래전 뉴올리언스에 위치한 툴레인대학에서 유학 생활을 했다. 그런데 2005년 8월 태풍 허리케인 카트리나가 뉴올리언스를 휩쓸고 지나가면서 캠퍼스가 위치한 업타운 지역도 큰 피해를 입었다. 모교는 가을 학기를 전면 취소하고 학생들이 다른 대학에서 공부하면 학점을 인정해 주기로 했다. 피해를 복구한다고 해도 나의 모교와 뉴올리언스가 지난날의 영광을 도로 찾기는 어려울 것 같다.

미시시피강과 폰차트레인호수에 둘러싸인 뉴올리언스는 '초승달 도시'라고 불린다. 아프리카에서 실려 온 노예들이 북미(北美)에 처음 도착한 곳이며, 이들의 애환이 담긴 재즈가 생긴 곳이다. 프랑스와 스페인의 영향으로 미국의 보통 도시와는 다른 독특한 분위기를 갖고 있어, '욕망이란 이름의 전차', '캣 피플', '펠리컨 브리프' 등 영화의 무대가 되기도 했다. 뉴올리언스의 주된 산업은 관광·해운·석유화학이다. 이국적인 도시 분위기를 즐기려는 관광객이 많이 오며, 특히 2월에 열리는 '마디 그라(Mardi Gras)' 카니발 때엔 도시 전체가 축제 분위기에 빠진다. 뉴올리언스는 대단한 항구이기도 하다. 루이지애나의 주도(州都)인 배턴루지에서 뉴올리언스에 이르는 미시시피 강변의 항구는 미국 제1의 물동량을 자랑한다.

뉴올리언스 다운타운의 프렌치쿼터와 업타운 지역은 정말 아름답다. 하지만 그 사이는 공공주택 등 열악한 흑인 주거지역이 자리 잡고 있어 강력범죄가 빈번하다. 백인들은 도심의 집을 버리다시피 하고 교외로 이전해 버려서 시(市) 인구의 3분의 2가 흑인이다. 이번에 슈퍼돔으로 피신했던 흑인들은 대부분 다운타운 근처의 공공주택과 빈민가에 살던 사람들이다. 그들도 문제이지만, 집이 잠겨 모든 것을 잃어버린 중산층 흑인들의 사정이 더욱 눈물겨울 것이다.

뉴올리언스는 오랜 역사와 문화를 가진 데 비해 많은 면에서 낙후돼 있다. 도시의 지리적 여건이 불리한 탓도 있지만, 더 큰 원인은 모든 사람이 고개를 젓는 부패한 정치 때문이다. 루이지애나와 뉴올리언스의 정치는 몇몇 가문(家門)이 좌우해 왔다. 대(代)를 물려 주지사와 상원의원을 지낸 휴이 롱과 그의 아들 러셀 롱, 뉴올리언스 시장을 지낸 문 랜드류와 현재 상원의원인 그의 딸 매리 랜드류, 주지사를 네 차례 지내다가 카지노 이권 개입으로 결국 연방 감옥에 갇힌 에드윈 에드워즈 등이 거의 한 세기 동안 정치판을 장악해 왔다.

이번에 붕괴된 제방을 소유하고 있는 뉴올리언스 제방위원회는 제방 관리를 할 돈으로 카지노를 사들이는 등 방만한 경영을 했다. 연방

예산이 축소된 것은 사실이지만 연방정부를 비난할 자격이 있느냐는 말이 나오는 이유다. 이번에 상황을 악화시킨 데는 위기관리 경험이 없는 시장과 주지사도 한몫했다. 시장은 주차장에 서 있던 스쿨버스 수백 대를 이용해 흑인들을 사전에 대피시킬 수 있었으며, 주지사는 주 방위군 병력을 조기에 투입할 수 있었지만 그렇게 하지 못했다.

뉴올리언스가 위치한 미시시피 델타는 지반이 침하하고 있어 강력한 허리케인이 오면 도시가 위험에 빠질 것이라는 관측이 있었는데 현실로 나타났다. 델타의 늪이 워낙 급속하게 바다에 잠기고 있어 제방을 보수한다고 해도 뉴올리언스를 지킬 수 없을 것이라고 비관론을 펴는 학자도 있다. 그러나 궁지에 몰린 부시 대통령은 막대한 지원을 약속하면서 뉴올리언스가 다시 태어날 것이라고 공언했다. 그의 말대로 뉴올리언스가 다시 태어날지, 아니면 '21세기의 아틀란티스'가 될지 궁금하다.

2 대통령의 책 읽기

문화일보
2005년 9월 3일 자 게재
원제: 대통령 책 읽기의 함정

노무현 대통령이 언론사 논설·해설위원들을 초청한 오찬 간담회에서 자신의 임기를 단축해서라도 연정(聯政)을 성공시켜야 한다면서 연정에 대한 강한 미련을 표시한 바 있다. 그 자리에서 노 대통령은 독일의 한 사회학자가 쓴 《적(敵)이 사라진 민주주의》라는 책의 번역본을 읽고 있다고 소개했다고 한다. 노 대통령은 취임 초부터 이런저런 책을 보고 주위에 추천해서 적잖은 화제를 일으켰다.

노 대통령이 감명 깊게 읽은 책의 저자가 정부 고위직에 기용되기도 했다. 많은 공무원이 대통령이 읽었다는 책을 덩달아 사 보는 바람에 그런 책이 갑자기 많이 팔리기도 했다. 어떤 정부 부서는 노 대통령이 감명 깊게 읽었다는 책을 단체로 구입해서 1박 2일로 독서 워크숍을 열기도 했다. 사실 노 대통령은 자기가 링컨을 존경한다는 내용의 책을 직접 쓰기도 했다. 취임 후 언젠가는 대처 전 영국 총리처럼 강력하게 국정을 밀고 나가겠다고 말하기도 했고, 작년 봄에는 드골 전 프랑스 대통령의 리더십에 관한 책을 읽고 극찬을 한 적도 있다.

책에 관해선 조지 W. 부시 미국 대통령도 많은 화제를 뿌렸다. 부시 대통령은 북한의 강제수용소에 수용돼 있다가 탈출한 강철환 씨가 쓴 《평양의 어항(국내 출판 제목; 수용소의 노래)》을 읽고 깊은 감명을 받아 강 씨를 백악관으로 초청하기도 했다. 부시는 또한 소련에서 정치범으로 영어(囹圄)의 생활을 하다가 이스라엘로 이주해서 장관을 지낸 샤란스키의 《민주주의론》을 읽어서 아랍권에 대한 그의 속마음이 어떤지를 짐작할 수 있게 했다.

부시 대통령뿐 아니라 미국 역대 대통령들은 예외 없이 대단한 독서가들이었다. 사실 미국인들 자체가 굉장한 책벌레들이니, 정책 결정자들이 책을 많이 읽는 것은 당연한 일이다. 부시 대통령은 예일대학과 하버드 경영대학원을 나온 식자층이니 그가 책을 많이 읽는 것이 화제가 되는 것이 오히려 이상한 일이다. 그런데도 부시의 독서가 관심을 모으는 것은 이라크 침공을 앞두고 로버트 카플란의 《전사(戰士) 정치(국내 출판 제목; 승자학)》를 읽었으며, 이라크 총선을 앞두고 샤란스키의 《민주주의론》을 읽은 것으로 밝혀졌기 때문이다.

그렇다고 해서 부시가 《전사 정치》를 읽고 이라크를 침공했고, 《민주주의론》을 읽고 이라크 민주화 정책을 결정했다고 말할 수는 없다. 오늘날 미국의 대외정책은 체니 부통령, 라이스 국무장관, 그리고 네오콘이라고 부르는 공화당 강경파들이 주도하고 있는데, 미국을 움직이는 이들은 모두 대단한 지식인들이다. 미국의 대외정책은 이들이 이끄는 큰 흐름의 연장선에 서 있는 것이지, 부시 대통령이 읽은 책에 좌우

되는 것은 아니다. 어쩌면 부시 대통령의 독서는 정책 수립자들이 그들의 정책을 띄워 보는 고도의 주도면밀한 전술일 수도 있다. 그러기에 강철환 씨의 책을 읽은 부시 대통령이 강 씨를 백악관으로 초청해서 직접 만나본 데 대해 관심이 모아지는 것이다.

이에 비해 노무현 대통령의 독서가 일으키는 파장은 너무나 파격적이다. 책의 저자가 별안간 정부에 기용되는 것도 그렇고, 링컨에서 대처를 거쳐 드골에 이르는 길도 그렇다. 책을 많이 읽는 것은 물론 좋은 일이지만, 지식에는 어떤 흐름이 있고 맥락이 있다는 점을 잊어서는 안 된다. 체계적인 지식의 흐름과는 무관하게 어떤 책을 읽고 지나치게 감명을 많이 받는 것은 경우에 따라선 바람직하지 않을 수 있다.

한 나라의 대통령이 어떤 책을 읽고 깊이 감동을 받아 국가 정책을 갑자기 크게 수정한다면 그것은 위험한 일이기도 하다. 노 대통령이 벌이는 '연정론', '대통령 사퇴론' 등 어지러운 정치게임이 독특한 독서 습관 탓이 아닐까 하고 생각해 보는 것도 그 때문이다.

3 책 안 읽는 한국 보수

조선일보
2005년 10월 11일 자 게재

1980년대 대학가에는 이른바 '사회과학 서적'을 전문으로 팔던 서점이 있었다. 《전환시대의 논리》 같은 운동권 이념 서적을 주로 팔던 서점들이었다. 훗날 '386세력'이 된 당시의 대학생들은 학과 공부는 제쳐 놓고 무리를 이뤄 이런 책들을 읽고 밤새 토론했다. 노무현 정권의 주축 세력이 된 이들의 정신세계는 이런 책들이 그려 낸 것이다.

오늘날 대학가에서는 그런 서점을 찾아보기 어렵다. 1990년대 들어 소련과 동구권이 무너짐에 따라 사회주의에 대한 막연한 환상이 사라진 데다가 우리 사회도 민주화의 길을 걸었기 때문이다. 그렇다고 해서 이 같은 성향의 책이 사라진 것은 아니다. 오히려 이런 책들은 제도권으로 조용히 편입돼 일반 서점에서 당당하게 팔리고 있다. 1990년대 후반기부터는 수정주의 역사책과 반미(反美) 서적 출판이 봇물을 이루었다. 《마르크스 전기》, 《체 게바라 평전》이 베스트셀러가 되는 기이한 현상마저 생겼다.

이런 흐름을 타고 급진 좌파인 놈 촘스키, 하워드 진 등이 쓴 책이 줄 줄이 번역 출판됐다. 특히 촘스키의 책은 거의 전부 번역됐는데, 그때 마다 서평자들은 그를 '미국의 양심'으로 치켜세웠다. 하지만 촘스키 는 크메르루주가 저지른 킬링필드와 나치의 유대인 학살에 대해선 침 묵하거나 부인하면서, 9·11 테러는 정당한 것이었다고 주장하는 병적 (病的)인 반미(反美)주의자로, 미국의 진보 진영도 멀리하고 있는 인물 이다.

한편 최근 미국에서 보수 책의 대성공에 힘입어 몇몇 출판사가 그런 책들을 번역 출판했다. 미국 진보 좌파의 위선과 허구를 파헤친 《쓸모 있는 바보들 *Useful Idiots*》, 민주주의의 과잉이 자유를 위협함을 지적 한 《자유의 미래 *The Future of Freedom*》, 진보적 편견에 사로잡힌 미국의 CBS 방송을 파헤친 《뉴스의 속임수 *BIAS*》 등이 그런 책이다. 하지만 미국에선 대단한 베스트셀러였던 이 책들은 국내에선 모두 실 패하고 말았다. 큰 손해를 본 출판사들은 "보수는 책을 안 읽는다"고 말 하면서, 다시는 보수 성향 책을 내지 않겠다고 한다.

책이 팔리고 안 팔리는 것은 시장의 원칙이지만, 이런 현상은 지난 20년간의 '문화 전쟁'에서 보수가 패배했음을 웅변으로 증명하고 있 다. 문제는 물론 '독서 시장'에서의 패배가 거기서 끝나는 것이 아니 라는 데 있다. 맥아더가 한국전쟁의 전범(戰犯)이라든가, 미국 때문에 1950년에 통일이 실패했다는 황당하고 뻔뻔한 주장이 공공연하게 나 오는 것도 어떻게 본다면 '20년 문화 전쟁'에서 보수가 패배한 데 따른 자연스러운 결과다. 그러면 문화 전쟁의 최전선인 독서 시장에서 보수가 패배한 원인은 무엇일까.

우선 지난날의 권위주의 정권이 진보적 성향 책을 탄압한 데 대한 반(反)작용으로 진보서적이 잘 팔리는 면이 있을 것이다. 추상적 관념을 다루는 진보 책에 비해 구체적인 역사와 사실을 다루는 보수 책은 접근과 이해가 쉽지 않은 것도 이유일 것이다. 하지만 더 중요한 점은 우리나라의 보수는 책을 읽지 않기 때문이다. 진보 독자층은 대학 시절부터 책 읽고 토론하는 것이 체질화돼 있는데 비해 보수 독자층은 그런 문화를 형성하지 못한 것이다.

진정으로 우리나라 보수가 이 사회를 움직이는 주력(主力)이자 주류(主流)가 되고 싶다면 '문화 전쟁'의 최전선인 책 시장을 지켜야 한다. 책 시장의 관건은 공급이 아니라 수요에 있다는 평범한 사실을 잊지 말아야 한다. 보수가 역사를 사실 그대로 기록해서, 진보 세력의 위선과 허구를 논박한 내용을 저술하면 출판사는 그런 책을 찍어 낼 것이고, 그러면 보수 필자들이 열심히 공부해서 보수 책을 펴내는 '선순환(善循環)'이 생길 것이다. 독서 아카데미 운동 등을 통해 스스로 지식 시장을 창출할 때 한국의 보수는 '20년 문화 전쟁 패배'로부터 비로소 만회하기 시작할 것이다.

4 정치인의 책 쓰기

동아일보
2007년 3월 28일 자 게재

정치인은 자신이 걸어온 길을 책으로 펴내곤 한다. 대통령과 총리 등을 지낸 정치인의 회고록은 그 자체가 소중한 역사 자료이기도 하다. 정치인은 자신의 과거를 미화할 목적으로 책을 내기도 하는데, 내년(2008년) 미국 대통령 선거에서 민주당 후보로 출마한다는 힐러리 클린턴의 경우가 그러하다. 힐러리는 2003년에 나온 자서전의 선인세로 무려 800만 달러를 받았다. 액수도 액수지만 상원의원 임기 시작 전에 돈을 받아 의회의 윤리규정을 회피했다는 논란을 일으켰다. 대필 작가가 통째로 집필한 힐러리의 자서전은 교묘한 사실 왜곡이라는 비판을 들었다.

미국 대통령 중 글을 많이 쓰고 또 잘 쓴 사람으론 로널드 레이건을 들 수 있다. 대통령 퇴임 후 몇 년이 지나 불치의 알츠하이머병에 걸렸음을 알게 된 그가 미국민에게 보낸 고별의 편지는 언제 읽어도 눈시울이 뜨거울 정도로 감동적이다. 레이건을 가까이서 지켜본 사람들은 백악관 집무실에서도 그가 책상에 앉으면 무엇인가를 썼다고 말한다.

두 번에 걸친 캘리포니아 주지사 임기를 성공적으로 마치고 야인으로 돌아간 레이건은 1975년 초부터 1주일에 5번씩 5분짜리 라디오 논평을 했고, 격주로 신문에 칼럼을 썼다. 외교, 국방, 경제, 세금, 교육 등 국정의 모든 방면에 걸쳐 레이건은 미국이 나아가야 할 길에 대한 자신의 생각을 전했다. 그가 다룬 주제는 B-1 폭격기 개발에서 철도사업의 경쟁력, 교원노조의 폐단에 이르는 광범한 것이었다.

레이건의 프로는 300개 방송국의 전파를 탔고, 그의 칼럼은 200개이상의 신문에 연재됐다. 레이건이 다룬 방송 주제 중에는 한국에 관한 내용이 몇 개 있다. 레이건은 지미 카터 대통령이 자신의 주한미군 철수정책에 반대하던 주한미군 참모장 싱글러브 소장을 해임한 조치가 부당하며, 한국 정부의 불법 로비(박동선 사건) 못지않게 미국 내에서 소련의 은밀한 로비가 문제라고 지적했다.

레이건의 방송과 칼럼은 1975년 늦가을에 그가 공화당 대통령 후보를 뽑기 위한 예비선거에 나서면서 중단됐다. 이듬해 여름 공화당 후보 지명대회에서 포드 대통령에게 패배하자 레이건은 다시 방송과 칼럼 집필을 시작해서 1979년 10월에 대통령 출마를 선언할 때까지 계속했다.

레이건은 육필로 그 많은 방송 원고를 손수 작성했는데, 상자에 든 원고 뭉치는 레이건의 기념 도서관을 준비하는 도중에 우연히 발견됐다. 방송 원고를 읽어 본 학자들은 방송 내용의 많은 부분이 나중에 국가 정책이 됐음을 알게 됐다. 이 방송 원고는 2001년에 책으로 발간돼서 레이건이 누구보다도 잘 준비된 대통령이었음을 다시 한번 알게 해 주었다. 하지만 알츠하이머병 말기이던 레이건은 책의 출간을 알 수 없었다.

이제 우리 주변을 둘러보기로 하자. 언제부터인지 우리나라의 정치인과 정치 지망생 사이에선 책을 내고 출판기념회를 여는 일이 유행이 됐다. 정치인이 대필 작가의 도움을 받아 책을 내는 것을 뭐라고 할 수는 없지만, 신문 잡지에 글 한 편 써 보지 못한 사람이 별안간 책을 내는 모습은 정상이 아니다.

정치적 목적을 갖고 펴낸 이런 책은 자기 과시가 있기 마련이다. 또 미래, 선진화, 따뜻한 사회, 민족, 통합 등 뜬구름 잡는 이야기가 많다. 그러면서 자기만이 나라를 구할 수 있다는 식이니, 오늘날 한국에는 출사표를 낸 제갈량이 널려 있는 셈이다. 어떤 책을 보면 지금까지의 인류 역사가 저자의 등장을 위한 준비 과정인 것 같은 기분이 들 정도라서 웃지 않을 수 없다.

책도 책이지만 출판기념회라는 명칭을 내걸고 벌이는 거창한 행사도 정상이 아니다. 원래 출판기념회란 힘들여 책을 펴낸 저자의 노고를 위로하기 위해 저자의 주변 사람이 열어 주는 조촐한 자리다. 정치인의 출판기념회는 눈도장 찍고 줄서기하고, 세력 과시를 위해 사람을 동원하는 난장판이 돼 버렸다. 책 쓰기마저 정치적 도구로 전락해 버린 우리 세태가 한심하다.

5 대통령의 회고록

광주일보
2015년 1월 30일 자 게재

이명박 전 대통령의 회고록이 다음 주에 출간될 예정이라고 한다. 회고록에는 4대강 사업이 성공적인 것이며, 해외자원 개발도 나중에 평가해야 한다는 내용이 담겨 있다고 한다. 그런 소식을 들으니 집권 5년 동안 독선과 아집으로 일관한 그이지만 해도 너무한다는 생각이 든다. 2011년 가을에 당시 한나라당이 몰락해서 식물 대통령이 되다시피 했던 사정을 생각하면 그가 오늘날 이렇게 당당해진 것 자체가 이상한 일이다.

상황이 이렇게 된 것은 물론 박근혜 대통령 덕분이다. 이명박 정권과의 차별화를 들고 정당 이름도 바꾸어 가면서 대통령이 된 사람이 "언제 그런 일이 있었느냐?" 하는 식이더니 결국에는 지지도가 30%로 급락하는 등 국민으로부터 외면을 받은 형상이다. 이명박 전 대통령이 이 시점에서 회고록을 낸 의도는 "책에 담은 내용보다 자신은 더 많이 알고 있다"는 메시지를 청와대에 보낸 것일 수도 있다. 박근혜 대통령에 대한 경고를 겸한 것이 아니냐는 말이다.

대통령을 그만두고 나서 회고록을 내는 것 자체를 비난할 일은 아니다. 문제는 그것이 얼마나 진솔한가 하는 데 있다. 회고록보다 더 중요한 것은 제삼자가 쓴 대통령 전기이다. 노태우, 김영삼, 김대중, 노무현 등 전직 대통령들이 회고록을 냈지만, 정작 이들에 대한 전기가 나온 적은 없다. 전기 작가는 회고록을 꼼꼼하게 검증하고 다른 자료와 관계자들의 증언을 토대로 전기를 내기 때문이다. 우리나라엔 주요 인사들의 회고록은 있지만 전기가 없는 것은 이들에 대한 객관적인 평가 내리기를 꺼리는 풍조 때문이다.

미국 대통령은 퇴임 후 몇 년이 지나면 회고록을 내기 마련이다. 출판사들은 전직 대통령의 회고록을 출판하기 위해 거액의 선인세를 주기도 한다. 빌 클린턴은 퇴임 후 강연으로 돈을 벌기에 바빠서 선인세를 받은 회고록 집필을 미루고 있다가 마감일이 닥쳐오자 전문 작가를 고용해서 급하게 원고를 끝냈다. 1990년대 IT 경제를 주도했던 클린턴이지만 정작 그 자신은 컴맹이라서 원고 작성이 힘들었다고 한다. 우리나라의 한 출판사는 클린턴 회고록 번역권을 거액을 주고 사서 번역본을 냈지만 잘 팔리지 않아 파산을 했다.

조지 W. 부시는 도서관 사서 출신인 부인의 영향으로 책을 많이 읽었는데, 부시는 자신의 회고록에서 "이라크전쟁은 나중에 역사가 평가할 것"이라고 말을 아꼈다. 부시 회고록도 우리나라에 번역되어 출간되었지만 판매는 부진했다.

베스트셀러가 된 미국 대통령의 회고록으론 로널드 레이건의 것을 들 수 있다.《한 미국인의 삶 *AN AMERICAN LIFE*》이란 제목을 단 이 책은 자신의 성장과 대통령이 되기까지의 역정, 그리고 대통령으로서 겪은 일을 담담하게 그려 놓았다. 하지만 레이건도 자식들에 대해선 아무런 언급을 하지 않았다. 레이건은 낸시 여사와 금슬이 좋기로 유명했지만, 이들 부부와 자식들 사이는 냉랭했기 때문이다.

레이건 대통령 전기는 벌써 여러 권이 나왔고, 레이건의 비서실장을 지낸 제임스 베이커, 비서실 차장을 지낸 마이클 디버, 스피치라이터를 지낸 페기 누넌도 각기 자신과 레이건의 관계에 대한 책을 냈는데, 이들의 증언과 레이건의 회고록, 그리고 레이건 전기는 사실에 있어서 일치를 보인다. 역사의 기록은 이래야 하는 법이다.

가장 높은 평가를 받는 미국 대통령 전기는 데이비드 매컬러프가 쓴 《트루먼》이다. 본문이 1000쪽이나 되는 트루먼 전기는 대통령 당선자가 취임하기 전까지 꼭 읽어야 하는 책으로 평가받는데, 조지 W. 부시와 버락 오바마도 이 책을 읽었다고 한다. 해리 트루먼이 민주당과 공화당 모두로부터 높이 평가받는 이유는 그가 평범한 서민 계층 출신으로 대통령이 되어서 일본에 대한 원자폭탄 투하, 한국전쟁 참전 등 어려운 결정을 많이 내렸을뿐더러 제2차 세계대전으로 피폐해진 민생을 살펴서 1950년대 고도성장의 토대를 놓았지만, 당대에는 제대로 평가받지 못했기 때문이다.

조지 마셜, 딘 애치슨, 오마르 브래들리 등 당대의 거물들을 중용하고 이들의 의견을 존중했던 트루먼의 리더십은 세월이 갈수록 한층 돋보이기에 트루먼 전기는 대통령이 꼭 읽어야 할 필독서로 뽑히는 것이다. 하지만 대통령 노릇도 제대로 하지 못한 사람이 회고록을 펴냈다면 그 내용은 읽으나 마나 뻔할 것이다. 이상한 궤변으로 가득 차 있을 이명박 전 대통령의 회고록은 여권에 악재로 작용하지 않을까 한다.

6   '4대강', 진실과 책임

경향신문
2013년 7월 18일 자 게재
원제: '4대강', 진실을 밝히고 책임을 묻자

감사원이 4대강 사업은 대운하를 건설하기 위함이었다는 감사 보고서를 내놓았다. 4대강 사업이 부실하다는 보고서를 내놓은 데 이어 4대강 사업의 목적이 운하 건설이었음을 추가로 밝혀낸 것이다. 그러면서 감사원은 대운하 건설을 염두에 두었기 때문에 예산이 4조 원 정도 더 들어갔다고 했다. 4대강 사업은 운하 건설이 아니면 목적과 용도가 없다고 주장해 왔던 비판론자들의 주장에 귀를 막고 있다가 정권이 바뀌니까 조금씩 말을 바꾼 셈이다.

감사원 발표가 있자 몇몇 언론은 대단한 발견을 한 것처럼 호들갑을 떨었으니 우스운 일이다. 하천이라곤 한강 다리를 건너는 것 외에는 경험해 본 적 없는 책상머리 언론인과 사이비 논객들은 지난 몇 년 동안 별의별 궤변을 쏟아 내며 4대강을 옹호했으니 부끄러운 일이다. 중차대한 사안에 대해 침묵으로 일관한 언론 또한 책임을 면키 어렵다.

그것의 실체가 운하 건설이든 무엇이든 멀쩡한 강을 파헤치고 시멘트를 퍼부은 4대강 사업은 애당초 해서는 안 되는 사업이었다. 하천법, 환경법, 국가재정법 등 중요한 실정법을 무시하고 밀어붙인 불법의 결과는 참담하다. 강을 가로막고 있는 시멘트 흉물에는 더러운 물이 고여 있고, 하천과 그 주변은 자연의 모습을 상실했다. 정부는 4대강 사업으로 수자원을 확보한다고 우겼지만, 보에 담긴 더러운 물을 쓰겠다는 곳은 없다. 이 지경을 만들기 위해 정부 예산, 한국수자원공사 부채 등 30조 원이 넘는 돈을 투입했다.

이명박 전 대통령은 후보 시절에 대운하 사업은 강바닥에서 퍼 올린 골재를 팔아서 충당하면 되기에 정부 예산이 들어가지 않는다고 주장했다. 골재를 팔아서 갑문과 리프트, 부두를 만들어야 하는 대운하의 건설 비용을 충당할 수 있다면, 그보다 비용이 적게 들어가는 4대강 사업에서는 정부가 골재를 팔아서 공사를 끝내고 최소한 몇조 원은 남겼어야 한다. 그러나 강바닥에서 퍼 올린 모래와 자갈이 하천변 곳곳에 산맥을 이루고 있고, 그것을 관리하느라 허리가 휘는 지자체가 한둘이 아니다. 대운하건 4대강이건 MB정부가 내세운 논리는 처음부터 끝까지 허망한 궤변이었다.

문제는 지난 몇 년 동안 '4대강'을 중심으로 일종의 '운명공동체'가 생겨났다는 것이다. 4대강 사업에 앞장선 국토부, 환경부, 한국수자원공사, 정치권, 그리고 영혼을 팔아넘긴 이른바 전문가들로 구성된 이 공동체는 아직도 민심과 여론에 귀를 막고 버티고 있다.

2010년 지방선거와 그 후 재·보선에서 한나라당이 참패를 거듭해 박근혜 대통령이 비상대책위원회를 꾸리게 된 원인 중 하나가 4대강 사업인데, 이들은 이제 자신들의 보신(保身)을 위해 박 대통령의 뜻도 무시하고 있다. 국무총리실이 4대강 조사위원회를 몇 달이 지나도록 구성하지 못하고 있는 것도 이들 때문이다. 정홍원 국무총리는 MB정부와는 무관한 사람이지만 이들에 휘말려 미로(迷路)를 헤매고 있다.

검사 출신인 정 총리는 대학 시절에 "누구든 자기 일을 자기가 심판해서는 안 된다"는 법언(法諺)이 '자연적 정의'의 하나임을 공부했을 것이다. 4대강 사업을 추진한 장본인들을 조사위원회에 포함시키겠다는 발상은 피의자를 배심원단에 포함시키겠다는 것과 다름없으니, 법률가인 정 총리의 양식을 의심하지 않을 수 없다.

지금은 4대강 사업을 해야 하느냐 말아야 하느냐를 두고 찬반 토론을 하는 단계가 아니다. 4대강 사업이 이미 실패했음은 발품을 팔아 4대강을 대충 훑어보면 알 수 있다. 4대강 사업은 단군 이래 가장 부실하고 부패한 공공 토목공사일 가능성이 크다. 4대강 곳곳에서 이루어진 담합의 결과는 비자금 조성일 가능성이 농후하다. 국책사업에 참여한 토건 회사들이 단지 자신들의 배를 채우기 위해 비자금을 조성했다고 생각되지는 않는다.

4대강 사업 때문에 국가재정이 휘청거리는 와중에도 사욕을 채운 집단이 있었을 것이다. 그래서 나는 4대강 사업이야말로 추락할 대로 추락한 대한민국 검찰이 '국민의 검찰'로 다시 태어날 수 있는 절호의 기회라고 본다.

‘4대강’을 유지·관리하는 데 연 1조 원이 들어간다고 하니, 이건 ‘애물단지’가 아니라 아예 ‘저주’인 셈이다. 4대강 사업에 휘말린 한국수자원공사는 졸지에 부실기업이 됐고, 하천을 파괴한 기업이란 오명(汚名)을 벗을 수 없게 됐다. 한국수자원공사가 허공에 날린 8조 원은 현 정부가 추진하는 공군의 차세대 전투기 사업 예산과 똑같다. 멀쩡한 강바닥에 퍼부은 30조 원을 신형 전투기와 신형 초계함을 사들이는 등 국방력 강화에 투입했더라면 국군의 위상이 달라졌을 것이다. 4대강 사업은 자연을 파괴했을뿐더러 나라 곳간을 축내서 국력도 훼손했다. ˈ단군 이래 최악의 정책ˈ인 4대강 사업에 대해 그간의 진실을 밝히고 책임을 물어야 한다.

7   '4대강', 교수와 관료

경향신문
2013년 9월 6일 자 게재
원제: '4대강', 교수와 관료의 책임도 크다

낙동강, 영산강, 그리고 금강 전체 구간에서 녹조가 심해지는 초유의
사태가 발생했다. 4대강 사업이 가져온 재앙은 녹조에 국한되지 않는
다. 지류가 본류와 합류하는 지점은 하천이 무너지는 현상이 도처에서
일어나고 있다. 하천 합수부(合水部)에 콘크리트 석재제방을 쌓는 등
안간힘을 쓰고 있지만 부질없는 짓이다. 무엇보다 4대강 원래의 모습
을 찾아볼 수 없게 됐으니, 우리가 알아 왔던 낙동강, 남한강, 금강, 영
산강은 더 이상 존재하지 않는다.

   4대강 사업이 미래세대를 위한 녹색성장 전략이라는 이명박 정부의
주장이 허망한 거짓말임은 이제 분명하다. 일각에서는 이럴 줄은 잘 몰
랐다면서 대책을 세워야 한다고 호들갑을 떨지만, 본질을 흐리는 꼼수
에 불과하다. 4대강 사업을 일방적으로 홍보해 오던 언론이 지금 와서
이런저런 말을 하는 것도 우습다. 국정원 정치개입을 수사하는 검찰이
밝혀낸 바에 의하면 원세훈 전 국정원장은 4대강 사업에 반대하는 사
람들을 상대로 댓글 심리전을 하라고 지시했다고 한다. 정체불명의 집

단들이 4대강 사업을 반대하는 사람들을 비난하는 시위를 하기도 했다. 진실의 편에 선 사람들을 터무니없이 비방한 이들에 대해 사법당국은 준엄한 심판을 해야 한다.

4대강은 복원돼야 하며, 그 과정은 매우 힘들고 비쌀 것이다. 하지만 복원에 앞서 짚어야 하는 것은 책임 문제다. 검찰은 '수자원 마피아'의 한 축인 설계 회사와 토건 회사에 대한 수사에 강도를 높이고 있으니 듣던 중 반가운 소식이다. 공사 수주와 비자금 조성 같은 범죄행위를 파헤치는 일 못지않게 4대강 사업이 급속하게 진행된 과정을 규명하고 책임을 묻는 일 역시 시급하다.

4대강 사업은 애당초 해서는 안 되는 사업이었다. 환경부 산하의 환경정책평가연구원이 사전환경성 검토를 제대로 하고 국토부 산하 중앙하천관리위원회가 하천기본계획 수정안을 제대로 심사했더라면 이 사업은 추진될 수 없었다. 4대강 사업에 대한 진실 규명은 이 과정을 밝히는 데서 시작돼야 한다.

중앙하천관리위원회 위원의 다수는 수자원학 등을 전공한 교수들이다. 중앙 부처의 중요한 위원회이니만큼 이들은 각 분야의 전문가들이고 정년을 보장받은 정교수들이다. 이들 교수 중에 4대강에 보를 여러 개 세우면 물 문제를 해결할 수 있다고 논문을 썼던 사람은 단 한 사람도 없다. 4대강 사업에 참여했던 정부 연구기관의 전문가들도 마찬가지다. 개중에는 보 같은 하천 구조물을 철거해서 하천을 자연 상태로 복원해야 한다는 국책연구를 했던 사람도 있다. 중앙하천관리위원회에 참석했던 교수들이 단호하게 목소리를 냈더라면 4대강 사업은 추진되지 못했을 것이다.

돌이켜보면, 4대강 사업이 논의될 즈음에 원로 수자원 학자들이 "안 된다"고 단호하게 나섰다면 4대강 사업은 시작도 못 했을 것이다. 그러나 이들은 아무 말도 하지 않았다. 그렇다고 원로 학자들에게만 책임을 돌릴 일도 아니다. 교수에게 정년을 보장하는 이유는 세상이 어지러울 때 옳은 말을 하라는 의미도 있다. 그러나 전공 교수들은 대부분 침묵했다. 4대강 공사가 한창일 때 수자원학회는 차기 정권에 대비해서 어떻게 대처할 것인가를 논의한 적이 있다. 필요할 때 당당하게 의견을 펴지 못한 사람들이 나중에 돌아올 비난으로부터 학회를 보호할 생각이나 한 것이다.

공무원이 상부 방침을 거역하기는 어렵지만, 4대강 사업에 앞장선 관료들의 책임을 상명하복이란 편리한 이유로 덮을 수는 없다. 국토부의 어떤 공무원은 준설 규모를 줄이자고 했다가 인사 불이익을 당했고, 어떤 정부 전문가는 심의 과정에 할 수 없이 찬성하면서 의견서를 첨부해서 불만을 표하기도 했다. 하지만 장관 등 많은 고위 공무원들은 4대강 전도사가 되어 국토 환경 파괴에 앞장섰으니 이들을 그대로 두어서는 안 된다.

국립공원은 보전이 우선이다

경향신문
2015년 8월 26일 자 게재

지금 서울 세종문화회관에선 미국의 사진작가 안셀 애담스(Ansel Adams) 사진전이 성황리에 열리고 있다. 미국인의 자연관에 많은 영향을 준 사진작가로 꼽히는 안셀 애담스는 국립공원 사진을 많이 찍었는데, 우리나라의 민도가 안셀 애담스의 사진전을 열 정도로 성숙해졌으니 대견한 일이 아닐 수 없다.

안셀 애담스가 가장 사랑했던 자연은 캘리포니아에 위치한 요세미티국립공원인데, 그가 찍은 요세미티 사진은 자연의 엄숙함을 느끼게 한다. 요세미티국립공원을 자연 그대로 보전하는 데 기여한 또 다른 사람은 존 뮤어다. 미국의 유서 깊은 환경단체인 시에라클럽을 창설한 뮤어는 평생토록 요세미티의 웅장한 자연을 사랑하면서 살았다. 뮤어는 야생자연탐험가이기도 한 시어도어 루스벨트 대통령과 교분이 있었다. 자연의 가치를 잘 알았던 루스벨트는 국립공원을 자연 그대로 보전하는 데 기여했고, 자신의 친구이자 산림학자이고 자연보호론자인 기포드 핀초를 산림청장으로 임명해서 오늘날 미국의 자연보호 정책에 기초를 놓았다.

안셀 애담스 사진전이 서울 시내에서 열리고 있는 시점인 오는 28일 환경부 산하 국립공원관리위원회는 말도 많고 탈도 많은 설악산 케이블카에 관한 최종 결정을 내릴 것으로 보인다. 하루 전에 전문위원회의 보고서가 나오고 그것을 토대로 국립공원위원회가 최종 결정을 할 모양인데, 이번에는 케이블카 설치를 승인할 것 같다는 관측이 우세하다.

환경부 차관이 위원장이고 각 부처에서 선임한 정부 위원이 10명이나 되는 기형적인 국립공원위원회가 지방자치단체와 개발론자들의 압력을 이겨 낼 것 같지 않아 보인다. 유일한 희망은 전문위원회에 참여한 학자들이 양심에 부끄럽지 않은 판단을 하는 것뿐이다. 두 차례에 걸쳐 부정적 결론을 낸 바 있는 전문위원회가 케이블카 노선의 위치를 조금 바꾼 3차 안에 손을 들어준다면 본 위원회는 일사천리로 안건을 통과시키지 않을까 걱정된다.

설악산 케이블카 설치를 찬성하는 측은 해발 4천 미터가 넘는 유럽 알프스에 케이블카가 있고 중국 황산 정상부에 호텔이 있음을 예로 든다. 반대하는 측은 케이블카를 설치하면 산림이 훼손되며 산양 서식지가 영향을 받는다고 주장한다. 케이블카의 사업성을 두고도 논란이 있지만 그것이 문제의 핵심은 아니다.

설악산 케이블카 문제가 몇 년째 논란의 대상이 된 것은 이명박 정권 말기에 환경부가 설악산과 지리산을 케이블카 시범지구로 지정했기 때문이다. 4대강 사업으로 반만년 동안 유구하게 흘러온 우리의 하천을 파괴한 이명박 정권이 그런 결정을 했으면 새로 들어선 박근혜 정부는 전 정권에서 추진한 졸속 정책으로 보고 이를 원점에서 재검토했어야만 한다. 하지만 박근혜 정부의 환경부는 그들이 묵인하고 동의해 주었던 4대강 사업에 대해 아무 말이 없었듯이 이명박 정권의 또 다른 잔재물인 케이블카 정책도 재검토하지 않았다. 그런 점에서 환경부와 산하 연구기관인 환경정책평가연구원은 영혼이 없다는 비판을 들어 마땅하다.

케이블카 문제를 논의함에 있어서 가장 중요한 출발점은 설악산이 국립공원이라는 사실이다. 도립공원이 이용과 보전을 함께 도모한다면 국립공원은 보전이 우선이다. 국립공원 제도는 미국에서 유래한 것이고, 미국의 국립공원 정책은 철저하게 보전이라는 점을 알아야 한다. 자연 그대로 잘 보전된 요세미티가 온갖 탐방 시설로 범벅이 되어 있는 나이아가라와 다른 점은 그것이 국립공원이기 때문이다.

우리나라는 1960년대 말에 국립공원 제도를 도입했으나 초기에는 이용을 촉진하려는 측면이 많았다. 1990년대 들어서 덕유산국립공원 한복판에 스키 리조트가 들어서고 곤돌라가 설치되는 등 어처구니없는 일이 일어났다. 그 사건이 있은 후 국립공원 정책은 보전 위주로 자리 잡게 되었고, 북한산 등지에 케이블카를 설치하려던 시도는 무산돼 버렸다. 그리고 10여 년 세월이 흘러 이명박 정권이 들어서더니 설악산과 지리산에 케이블카를 설치하려는 움직임이 다시 일어난 것이다.

그렇다고 케이블카가 전적으로 금지되어야 한다고 말하는 것은 아니다. 도립공원인 대둔산과 두륜산에 설치된 케이블카, 그리고 자연훼손이 별로 없는 통영 앞바다의 해상 케이블카에 대해 반대하는 사람은 없다. 그러나 설악산 주 능선에 삭도(索道)를 걸고 관광객을 실어 나르겠다는 발상은 전혀 다른 문제다. 설악산에 삭도가 새로 걸리면 지리산, 한라산, 월출산, 속리산, 소백산, 북한산 등 전국 각지의 국립공원 정상부에 삭도가 걸릴 것이다. 그러면 국립공원은 아예 사라지는 것이다.

9 '냉철한 재고'

한겨레 훅
2010년 10월 10일 자 게재

1974년에 대학을 졸업한 나는 그해 대학원에 입학했는데, 솔직히 말해서 당시의 서울대 대학원 법학과는 대학원 공부를 하는 곳이라기보다는 사법시험 준비를 위한 징집 연기용인 측면이 많았다. 대학 3학년 때 몇몇 사법(私法) 과목을 공부하다가 이건 나한테 맞지 않는 분야라고 생각해서 사법시험에 대한 미련을 버렸던 나는 대학원 들어와선 미국의 헌법과 사법제도에 관한 책을 많이 읽었다. 그중 나에게 가장 큰 영향을 미친 책은 《가장 위험하지 않은 부(府) *The Least Dangerous Branch*》였다. 당시 예일대 교수이던 알렉산더 비켈(Alexander M. Bickel)이 펴낸 이 책은 미국에서의 사법심사 제도에 관한 중요한 저술로 뽑히는데, 만만하게 읽을 수 있는 책은 결코 아니다.

국민으로부터 선출되지 않은 권력인 사법부가 헌법에 관한 최종 판단을 하게 되는 딜레마를 설명한 이 책은 지식을 한창 빨아들일 나이에 있던 나에게 신선한 충격이었다. 비켈은 사회가 건전하려면 정치적 압력에서 차단된 사람들이 '냉철한 재고(sober second thought)'를 할 필요가 있다고 했다. 비켈은 그런 기능을 하는 직업으로 성직자, 교수, 그리고 법관을 들었다. 이 세 가지 직업은 진입하기가 어렵지만 일단 진입하여 안정된 지위를 갖게 되면 신분이 보장된다는 공통점이 있는데, 이런 직업의 신분을 보장하는 이유는 바로 이들이 '냉철한 재고(再考)'를 하기 때문이라는 것이다.

그러면서 비켈은 성직자와 교수들의 생각은 강제력을 갖지 않지만, 법관의 그것은 강제력을 갖기 때문에 조심스럽게 행사되어야 한다고 했다. 비켈은 이를 '소극적 미덕(passive virtue)'이라고 불렀는데, 그것이 큰 논쟁을 불러일으켰다. 이런 이유로 '사법적 보수주의자(judicial conservative)'라고 불렸던 그였지만, 1971년에 베트남전쟁에 관한 국방부 비밀문서(The Pentagon Papers)를 뉴욕타임스가 특종으로 보도했을 때 뉴욕타임스 편에서 보도의 자유를 주장해서 대법원에서 승리했다. 피상적으로 보면 모순인 그의 그러한 자세는 나에게 깊은 인상을 주었다. 내가 비켈에 심취해 있을 때 정작 그는 뇌종양 투병 끝에 50세 나이로 사망했다.

내가 오래전 학창시절에 읽었던 책 이야기를 하는 것은 비켈이 들었던 세 개의 직업, 즉 성직자, 교수 그리고 법관 때문이다. 선거로 뽑힌 '민주적 권력'이 오만해져서 그 사회의 기본 가치를 훼손할 경우 그것을 비판하고 또 막을 수 있는 직업은 '냉철한 재고'를 할 수 있고 또 해야만 하는 성직자, 교수, 그리고 법관들이 아닌가. 신분이 보장된 이들마저 할 말을 하지 않는다면 바른말을 할 사람은 없지 않은가. 성직자들은 더 큰 교회, 더 큰 불사(佛事)에만 관심을 갖고, 교수들은 사회적 지위와 돈에 맛을 들이고, 법관들은 승진과 변호사 개업에만 마음을 둔다면 그 사회의 미래는 어떻게 될 것인가.

chapter VIII

책으로 읽는 역사

1   1900년대 불어닥친 영어 열풍

《영어 조선을 깨우다 1·2》, 김영철 지음, 일리, 2011년

주간경향
2012년 2월 7일 자(961호) 게재

영어권 나라에서 살았거나 조기유학을 한 학생들이 많다 보니 영어 교사들이 수업시간 중 곤욕을 치르는 경우가 있다고 한다. 이런 일이 일제 치하의 우리나라 학교에서도 있었다는 사실은 김영철이 펴낸《영어 조선을 깨우다 1·2》를 읽고 알게 됐다. 1920년 5월에 보성교에선 학생들이 일본 도쿄제국대학 영문학과 출신 일본인 영어 교사의 발음이 일본식이라면서 영어 발음이 좋은 조선 교사로 교체해 달라고 동맹휴학을 했다는 것이다. 그런가 하면 일제강점기에도 영어 가정교사가 성행해서 영어 교습을 중개하는 신문광고가 많았다고 한다.

이승만(李承晚), 조병옥(趙炳玉), 장덕수(張德秀), 장면(張勉), 윤보선(尹潽善) 등 해방 후 1960년대까지 한국 정치를 주름잡았던 인물들의 공통점이라면 이들이 미국과 영국에 유학해서 영어에 능통했다는 사실이다. 영어권 국가에 유학하는 것이 우리 사회에서 '출세'하는 지름길이었던 셈이다. 1970년대 초반만 하더라도 신문 지상에서는 아무개가 미국 어느 대학에서 박사 학위를 받고 귀국했다는 단문 기사를 종

종 볼 수 있었다. 영어권 대학에 유학한 박사가 너무 많아서 변변한 직장을 구하기가 어려운 지금 상황에서 보면 꿈같은 이야기다.

저자는 영어가 우리나라에 전파된 경위와 최초로 영어를 배운 조선인들의 이야기를 시작으로 조선이 어떻게 영어에 빠져들게 됐는지를 풀어나간다. 하멜 일행은 조선을 접한 최초의 서양인들이었지만 이 가운데 영어권 사람은 없었다. 조선과 최초로 접촉한 영어 사용자는 18세기 말에 조선 부근을 항해하다가 상륙한 브로톤 함장 일행이었다. 19세기부터 서양인들이 조선을 방문하는 경우가 늘었는데, 중국인 역관(譯官)을 통한 이중 통역으로 의사소통을 했다.

1877년에는 선교사들이 영어로 된 조선어 입문서를 펴내는 등 조선에 대한 서양인들의 관심이 커졌다. 개화를 추진했던 고종도 조선인이 서양어를 배워야 한다고 생각했다. 1881년 말 고종은 김윤식(金允植)을 영선사(領選使)로 임명하고, 젊은 학도 38명을 이끌고 중국 톈진을 방문해서 신(新)학문을 배워오도록 했다. 김윤식은 그중 몇 명을 추려 영어를 배우도록 했는데, 그 가운데 중국어 역관 출신인 고영철(高永喆)만 영어에 재주가 있다고 추대되었다. 고영철이 1883년에 보빙사(報聘使) 수원(隨員)으로 미국을 방문하게 된 것도 그가 당시에 영어를 해득할 수 있는 유일한 인물이었기 때문이다. 따라서 우리나라 최초의 체계적 영어 학습자는 윤치호가 아니라 고영철이라고 저자는 지적한다.

1883년부터는 개화파를 중심으로 영어 학습이 붐을 이루었고, 영어를 가르치는 동문학(同文學)이 설치되었다. 흥미로운 점은 당시의 영어 교육은 실용회화 중심이었다는 사실이다. 영어를 배운 개화파는 갑신정변(甲申政變)을 일으켰으나 실패했고, 일본으로 망명하는 데 성공한 일행 중 몇몇은 미국으로 유학을 떠났다. 고종은 왕립 영어학교인 육영공원(育英公院)을 세워서 인재 양성에 나섰으나 국운(國運)은 이미 기울었다. 오히려 영어를 배운 자들이 매국에 앞장섰으니 이완용(李完用)이 대표적인 경우였다. 그런가 하면 경제적 대책도 없이 용감하게 미국 유학에 나선 이들이 많아 조정(朝廷)에는 유학생들이 아사할 지경에 처했다는 상소가 올라오곤 했다.

버지니아주의 로어노크대학에선 의친왕 이강(李堈)과 김규식(金奎植)이 같이 공부했으니, 그것만 보더라도 미국 유학이 갖는 의미가 특별했음을 알 수 있다. 을사늑약 체결 후 최초로 자결한 이한응(李漢應)이 육영공원에서 공부한 외교관이었기에 영어 학습자들이라고 해서 모두가 외세에 부화뇌동했던 것도 아니었다.

이 책을 읽다 보면 1990년대 들어 불어닥친 영어 열풍과 조기 유학의 뿌리가 의외로 깊음을 알게 된다. 저자는 이미 영어에 능숙한 젊은 이들이 급속히 늘고 있어서 경쟁의 도구로서 영어가 기능을 잃어가고 있다고 본다. 영어가 신분을 상징하고 성공을 보장하던 시대가 드디어 막을 내리는 셈이다. 이 책에 의해 확인된 조선 최초의 영어 학습자 고영철은 필자의 외증조부(필자의 외조부 고희동의 부친)이다.

2

대한민국 헌법은 이렇게 탄생했다

《대한민국 헌법의 탄생》, 서희경 지음, 창비, 2012년

주간경향
2012년 10월 23일 자(997호) 게재

1970년대에 대학에서 헌법을 공부할 때 제헌 헌법의 제정 배경은 교과서의 한두 페이지에서 간단하게 배우는 데 그쳤다. 유진오(俞鎭午) 박사가 만든 내각제 헌법 초안이 하루 만에 이승만 박사의 몽니로 대통령제로 바뀌었고, 당시 절박했던 토지개혁을 시행하기 위해 재산권을 제한하는 조항이 들어갔다는 정도의 초보적 지식을 배웠을 뿐이다.

나는 서울대 대학원에 진학한 후 미국 헌법에 관심이 많아 책과 논문들을 구해 읽었는데, 헌법을 둘러싼 많은 논쟁에 있어서 헌법 제정자의 의도가 중요하게 논의되는 것이 인상 깊었다. 라울 버거, 켈리 헤이비슨 같은 역사학과 정치학을 전공한 학자들이 쓴 헌법사 책을 재미있게 읽었다. 우리나라에선 헌법 연구가 법학자의 전유물이었던 탓에 헌법사에 관한 연구가 미진했다. 제헌 헌법의 배경이나 구한말에 있었던 공화제 논의 같은 주제가 법학자의 연구 대상이 된 것은 비교적 최근의 일이다. 정치학자나 역사학자가 이런 분야를 깊이 연구하지 않았기 때문이었다.

정치학을 전공한 저자가 펴낸《대한민국 헌법의 탄생》은 그런 점에서 무척 반갑다. 책은 우리나라 헌법의 뿌리를 심층적으로 다루고 있다. 단순히 헌법 제정을 둘러싼 논쟁만 다룬 것이 아니라, 헌법 문제를 둘러싼 해방 정국에서의 좌우간의 대립, 미 군정과 국내 정치 세력 간의 갈등을 통해 치열했던 당시의 정치 상황을 느끼게 된다.

저자는 우리나라가 민주공화제로 이행한 것은 1898년 만민공동회(萬民共同會)가 그 시작이라고 본다. 만민공동회는 '헌의(獻議) 6조'를 의결해서 군민공치적(君民共治的) 군주제를 제안했다. 백성들의 기세에 눌린 고종은 이 제안을 받아들였지만, 곧이어 무력으로 이 운동을 탄압했다. 저자는 우리 헌법의 원형은 대한민국 임시정부 헌법이라고 지적한다.

저자는 우리가 흔히 '제헌 헌법'이라고 부르는 1948년 헌법을 '건국 헌법'이라고 지칭하는데, 건국 헌법에는 임시정부 헌법이 녹아 있다고 평가한다. 또한 저자는 '한국 헌법의 아버지'는 흔히 생각하듯이 유진오(兪鎭午)가 아니라 조소앙(趙素昻)이라고 주장한다. 조소앙은 일제강점기와 해방 후 건국 과정에서 근대 한국의 헌법을 가장 깊이 있게 성찰한 인물이라는 것이다.

1948년 헌법 제정에 있어서 미 군정이 어느 정도 중요한 역할을 했나 하는 점도 주요 포인트인데, 저자는 미 군정 사법부장을 역임한 에머리 우들이 기초한 '조선 헌법'은 헌법과 정부 형태를 논의하던 남한의 정치 지도자들에게 영향을 주었다고 본다. 저자는 해방 정국에서의 이른바 '우파 헌법' 제정에서도 신익희(申翼熙)가 주도한 행정연구위원회가 중요한 역할을 했다고 말한다. 신익희는 일제강점기 고등문관 출신의 법률 전문가들을 모아서 행정연구위원회를 만들었다. 이 위원회가 '한국 헌법'을 비밀리에 기초했고, 이 초안이 유진오의 초안과 합해져서 '행정위원회-유진오 공동안'이 되어 1948년 건국 헌법 탄생에 직접 기여하게 됐다는 설명이다.

책은 해방 후 남한에서의 우파, 좌파, 좌우 협상파가 서로 치열하게 다투면서 나름대로 헌법을 구상했음을 잘 보여 준다. 좌우 협상이 불가능하다고 믿었던 남한의 한민당 계열 정치인들과 이승만 박사는 남한만의 단독정부 수립이 유일한 방도라고 생각했다. 이들은 일제강점기의 법률가들이 주축이 된 전문가 그룹이 기초한 헌법 초안을 토대로 우리나라 헌법을 만들어 냈다. 이렇게 제정된 헌법이 토지 소유와 재산권에 대해선 사회주의적인 요소를 많이 갖고 있었다는 점은 경이롭다. 책은 또한 해방 정국에서 미 군정이 보여 준 다양한 태도를 잘 설명하고 있어 흥미롭다.

3

한국전쟁을 기록하다

《한국전쟁통신》, 세르주 브롱베르제 엮음, 정진국 옮김, 눈빛, 2012년

주간경향
2012년 9월 18일 자(993호) 게재
원제: 프랑스 종군기자

이 책은 1951년에 프랑스에서 출판된 《한국에서 돌아오다》의 번역본
인데, 한국전쟁 당시의 모습을 생생하게 볼 수 있다. 1950년 7월부터
1951년 2월까지 7개월 동안 한국전쟁의 최전선을 누빈 프랑스 종군기
자 4명(AFP와 르 피가로 소속)은 소중한 기록과 사진을 남겨 놓았다. 공
저자 4명 중 한 명은 귀국 직전에 북한군 총격으로 사망했다.

  1950년 7월 말, 저자 일행이 부산에 도착했을 때 미군은 전쟁에 대
한 확신을 잃고 한국에서 완전히 철수하는 방안을 검토하고 있었다. 선
발대로 도착한 미 육군은 사기가 떨어져 있었고, 오직 미 해병대 증원
군이 도착하기만을 기다리고 있었다. 1950년 8월 2일, 미 해병 1사단
병력을 실은 함정이 부산항에 도착하자 모두 안도의 한숨을 쉬었다. 미
해병대는 공산군에게 넘어간 마산을 수복하기 위해 공격해 들어갔고,
종군기자들은 해병을 따라 전선을 누볐다.

  이런 급박한 전황을 이 책의 저자들은 담담하게 그려 놓았다. 미군

은 한국인 거동 수상자들에 대해 신경을 곤두세웠고, 북한군은 '서울의 장미'라는 선전 방송을 틀어서 미군의 전의(戰意)를 꺾으려 했다. 저자들은 인천 상륙작전을 취재하기 위해 일본으로 건너가 미 해군 함정에 동승했다. 9월 15일, 인천 월미도를 향해 함포가 불을 뿜었고 상륙부대는 무사히 상륙할 수 있었다.

저자들은 인천 점령은 쉬웠지만, 서울을 차지하기 위한 전투는 힘들었다고 전했다. 서울 한복판에 들어선 미 해병대는 중앙청을 차지하기 위해 치열한 시가전을 벌였는데, 저자들은 중앙청이 예수회(Jesuit) 양식으로 지어진 건물이라고 했다. 서울 탈환 기념식에 참석한 맥아더는 미 육군과 해병대 장병들에게 '하나님 아버지'를 외치는 기도를 하도록 했다면서 유럽에서 온 이 종군기자들은 빈정거렸다.

서울을 완전히 장악하기 위해 미군은 서울 시내의 거의 반 이상을 파괴해야만 했다. 서울을 탈환한 미군과 한국군은 얼마 후 평양을 장악했다. 스물아홉 살이던 한국군 1사단장 백선엽(白善燁) 장군은 '한국의 패튼'을 자임했는데, 평양 지리를 잘 아는 그는 평양에 제일 먼저 진입하는 데 성공했다. 저자들은 보드카 빈 병이 뒹구는 김일성 저택을 돌아보고, 빈집에 남아 있던 캐비어와 샴페인을 즐겼다.

평양을 수복한 후 저자들은 공산 치하에서 일어난 일을 전해 주는 목격자들을 만나서 그들의 증언을 책에 남겼다. 기독교인들은 공산정권의 재판을 받고 처형되거나 투옥되었고, 평양 시내의 가톨릭 신부는 전원이 총살당했다고 이들은 전했다. 후퇴하는 북한 인민군은 미군 포로를 학살했는데, 송촌리에선 처형된 미군 시신 66구가 발견되어 미군 지휘관들을 경악케 했다. 또 다른 포로 학살을 막기 위해 미군은 북한 군 후방에 공정대원 3500명을 투입했는데, 한국전쟁에서 공수부대가 투입된 첫 케이스였다.

10월 26일 미 8군 오른쪽 지대를 지키던 한국군 6사단 선발대는 압록강에 도달해서 이승만 대통령에게 보낼 강물을 떠서 한 병을 담았다. 하지만 한국군 6사단은 중공군에 의해 금방 고립되고 말았다. 맥아더가 원산에 상륙시켜 북으로 진격하도록 한 미 10군단은 장진호(長津湖) 부근에서 엄동설한에 중공군에 의해 포위되고 말았다. 장진호에 고립되었던 10군단 휘하 미 해병대는 영웅적인 전투 끝에 원산으로 철수했고, 저자들은 흥남 철수의 현장을 지켜보았다.

저자들은 1951년 1월, 한강 얼음판을 건너다가 물에 빠져 익사하는 피난민 대열, 어린아이를 길가에 남겨 놓고 혼자 남쪽으로 피난 가는 여자의 모습 등 다급했던 서울 탈출 현장을 기록으로 남겼다. 저자들은 1951년 2월에 프랑스군을 따라 경기도 지평리에서 있었던 치열한 전투를 종군했고, 얼마 후 일본을 거쳐 본국으로 돌아갔다. 처절했던 한국 전쟁의 실상을 알게 해 주며, 치열한 기자 정신을 느낄 수 있다.

4

피로 얼룩진 격동의 세월

《대한민국 특무부대장 김창룡》, 이대인 지음, 기파랑, 2011년

주간경향
2015년 12월 15일 자(제1155호) 게재

이 책은 이승만 정부 시절에 특무부대장을 지내다가 피격돼 비명에 간 김창룡(金昌龍)의 일대기다. 1916년 함경남도에서 태어난 김창룡은 영흥농잠학교를 다니면서 일본어와 중국어를 배웠고, 졸업 후 만주철도회사에 취직했다. 일본인 여객전무가 김창룡에게 관동군 헌병부에서 일할 것을 권유하자 이를 받아들인 그는 나가노 정보학교를 마친 후 관동군 첩보원이 됐다. 김창룡은 만주에서 활동하는 공산주의자들을 감시하는 일을 했는데, 중국인 공산주의자를 검거하는 실적을 올렸다. 일본이 패망하자 김창룡은 남한으로 향했다. 그러던 도중 황해도 친구 집에 잠시 머물다가 소련군 첩보부대에 체포돼 기차에 실려 사형장으로 가던 중 극적으로 탈출했다.

단신으로 서울에 도착한 그는 만주군 장교였던 박기병을 만나서 국군 5연대에 이등병으로 입대했고, 얼마 후 3연대 정보 하사관이 됐다. 3연대에 있을 때 그는 자신의 상관인 정보과장 오일균 대위가 이상하다고 느꼈다고 한다. 장교가 되기를 원했던 그는 경비사관 3기생으로

입교해서 1947년 4월에 임관됐다. 동기생 중에는 여순반란(麗順叛亂)을 일으킨 김지회 등 남로당원이 많았고, 오일균 대위도 나중에 남로당원으로 밝혀졌다.

관동군 첩보원, 국군 정보장교로 변신

정부 수립 후 국군은 내부의 공산세력을 축출하는 것이 큰 과제였다. 만주에서 공산주의자들을 상대로 첩보 활동을 했던 경력에 힘입어 김창룡은 1연대 정보장교가 됐다. 김창룡은 1연대에서 암약하던 좌익장교들을 적발해 냈다. 1948년 10월 19일, 여수·순천 지역에 근무하던 14연대가 주동한 반란이 일어나서 많은 경찰관과 양민들이 학살되는 등 심각한 사태가 벌어졌다. 여순반란사건을 계기로 국군 내부에 대한 숙청이 본격화됐고, 육군본부 정보국 대위이던 김창룡은 김영식·오일균·김종석 등 국군 내 남로당원들을 체포하는 데 큰 공을 세웠다.

김창룡은 이 과정에서 국방부 정부국에 근무하던 박정희(朴正熙) 소령이 남로당 간부임을 파악하고 체포했다. 박정희가 남로당원임을 순순히 자백하자 김창룡은 그에게 전향할 것을 권했다. 박정희는 수사에 협조했으나 군 검찰은 사형을 구형했고, 재판부는 무기징역을 선고했다. 박정희가 목숨을 부지하게 된 데에는 국방부 정보국장이던 백선엽(白善燁) 장군의 신원 보증이 결정적이었다.

1949년 7월, 김창룡은 국군 방첩대(CIC) 대장으로 임명됐다. 1950 년에 들어서서 경찰과 방첩대는 성시백·김상룡·이주하 등 남로당 거물을 연거푸 체포했고, 이어서 미군 고위 장교의 정부(情婦)이던 여간첩 김수임도 체포했다. 이들은 모두 6·25전쟁 전에 사형이 집행됐다. 6·25 남침이 발생하자 김창룡은 문관 신분으로 정보국 북한상황실장이던 박정희와 함께 서류 보따리를 들고 광나루에서 나룻배를 타고 한강을 건넜다. 당시 북한의 대규모 남침 가능성을 예고했던 기관은 방첩대와 정보국 북한상황실뿐이었다. 피난지 부산에서 김창룡은 군·경 합동수사본부장을 겸임하면서 경남에서 준동하던 남로당 세력을 검거해서 이승만 대통령의 신임을 얻었다.

1950년 10월, 이승만 대통령은 방첩대를 육군본부 직할 특무부대로 승격시키고, 육본 정보국장 김형일 대령이 부대장을 겸하도록 하고 김창룡을 부부대장으로 임명했다. 다음 해 5월, 이승만은 대령으로 진급한 김창룡을 특무부대장에 임명했다. 김창룡은 6·25전란 중 최대의 부패사건이었던 국민방위군 사건을 수사해 관련자들이 사형 판결을 받도록 했다.

그런 과정에서 김창룡은 국군총사령관이던 정일권(丁一權) 장군에게 뇌물이 흘러 들어갔음을 확인했다고 저자는 말한다. 김창룡은 남로당 간첩들을 신문하는 과정에서 정일권이 북한 인민군 총참모장 남일(南日)과 내통하고 있다는 첩보를 접한 적이 있기에 그에 대해 의심을 했지만, 이승만이 정일권을 신임했기 때문에 상황은 단순하지 않았다.

함경북도에서 태어나서 만주에서 학교를 다닌 정일권은 봉천군관학교를 나온 후 일본군 장교가 됐는데, 소련군이 북한에 진주하자 평양에서 김일성을 몇 차례 만났다고 한다. 김일성이 정일권의 친일 경력을 거론하자 그는 남한으로 내려와서 자신을 따르는 세력과 함께 국군경비대 장교가 됐으며, 그 후 한국군 내의 최대 파벌을 이끌었다. 6·25전쟁이 발발하자 정일권은 전방에 위치한 2사단장이 됐는데, 그런 과정에서 2사단 방첩대장이던 허태영 소령을 알게 됐다. 허태영은 일본군 경력이 있으며 뇌물에 약한 정일권을 적절히 이용해서 자신의 지위를 구축했다고 저자는 주장한다.

국민방위군 사건으로 정일권이 참모총장직에서 물러나자 일본 육사 출신인 이종찬(李鐘贊) 대장이 후임으로 총장에 임명됐다. 현역 대령으로 군에 복귀한 박정희는 육본 작전국 차장이 됐다. 김창룡은 발췌개헌안이 야기한 부산 정치 파동을 수습해서 이승만 대통령이 재선되는 데 기여했다. 이 책은 이종찬 참모총장 등이 미국의 지원으로 이승만 대통령을 밀어내려는 음모에 가담했다고 주장한다. 이승만은 직선제 개헌안이 국회를 통과하자 이종찬 참모총장을 경질하고 백선엽 장군을 후임으로 임명했다.

전쟁이 끝난 후 김창룡은 군대 내 부패 군인 척결에 나섰는데, 그러던 중 국방부 원면(原綿) 사건이 터졌다. 군용 고급 원면을 저급 원면으로 바꾸어 들여오면서 군 고위장교들이 거액의 뇌물을 받은 사건이었다. 수사에 나선 김창룡은 이 사건의 정점에 정일권 참모총장이 있다고 믿었다고 이 책은 말한다. 하지만 정일권은 한국군 내 최대 파벌인 함경도파의 수장으로 막강한 영향력을 갖고 있었다.

1956년 1월 30일 오전 7시, 지프로 출근 중이던 김창룡은 괴한들의 총탄을 맞고 사망했다. 이승만 대통령은 특무부대에 안치된 김창룡의 시신을 보고 오열하면서 철저한 수사를 지시했다. 특무대 수사관들은 허태영 대령과 그의 하수인 2명을 체포했다. 군법회의는 허 대령에게 사형을 선고했다. 그의 부인이 배후에 강문봉(姜文奉) 중장이 있다고 주장해서 강문봉을 추가로 구속해서 재판에 회부했다. 백선엽 대장이 재판장으로 주관한 군법회의는 강문봉에게 사형을 선고하고, 배후에 4성 장군이 있다고 대통령에게 수사를 품의했다. 하지만 이승만은 더 이상의 수사를 거부하고 사형선고를 받은 강문봉을 무기징역으로 감형했다.

오늘날 김창룡은 일본군 출신으로 이승만 독재에 적극적으로 기여한 '정치군인'으로 평가되고 있다. 하지만 저자는 김창룡은 일본군 첩보원으로서 중국인 공산주의자를 상대했을 뿐이라고 강변한다. 저자는 김창룡 같은 철저한 반공주의자가 방첩을 담당했기 때문에 대한민국이 버틸 수 있었다고 본다. 저자는 또한 김창룡이 보기 드문 청렴한 군인이었다고 말한다. 그러나 김창룡이 추진했던 숙군(肅軍) 과정에서 무고한 희생자가 많았다고 보는 것이 보통이다. 이승만이 부산 정치 파동을 극복하고 개헌을 하는 과정에서 보여 준 김창룡의 행동은 '정치군인'이라는 평가를 피하기 어렵다.

4·19 후에 강문봉은 민정당 소속으로 국회의원을 지냈다. 박정희 대통령은 강문봉을 유럽국가 주재 대사로 임명했고, 유정회 국회의원을 지내도록 했다. 박정희는 김창룡이 부패 군인으로 지목한 정일권을 국무총리로 임명해서 오랫동안 있도록 했고, 나중에는 국회의장을 지내도록 했다. 하지만 박정희는 자신의 생명을 구해준 김창룡의 '명예'를 회복시키는 일은 하지 않았다.

이 책이 출간되자 김창룡의 미망인은 "60년 인고(忍苦)의 세월 끝에 남편에 대한 오해가 풀어졌다"고 말했다. 김창룡은 물론이고 그와 박정희, 그리고 그와 정일권의 관계에 대해서는 보다 많은 실증적 연구가 있어야 할 것으로 생각된다.

5 황용주를 통해 박정희를 본다

《황용주 그와 박정희의 시대》, 안경환 지음, 까치, 2013년

주간경향
2015년 5월 19일 자(1126호) 게재
원제: 황용주를 통해 인간 박정희를 다시 생각한다

박근혜 정부 들어서 국무총리나 장관에 지명된 사람들이 청문회에 서면 야당 의원들이 "5·16이 혁명이냐, 쿠데타냐?"라고 묻는 장면을 보게된다. 그러면 이들은 '쿠데타'라고 답을 하게 마련이다. 괜히 '혁명'이라고 답해서 시끄럽게 할 이유가 없기 때문이다. 1960~1970년대에는 5·16을 '군사혁명'으로 지칭했다. 5·16 주체세력은 어떻게 생각했을지 모르지만 '군사혁명'이라는 단어는 쿠데타와 거의 비슷한 의미로 생각됐다.

박정희 대통령과 5·16 전후(前後) 사정을 살펴보면 박정희가 대단히 복잡한 사람임을 알게 된다. 이에 비해 1980년대에 대학을 다닌 세대가 아는 박정희는 '유신 대통령 박정희'가 전부인 것 같다. 하지만 박정희는 이승만 정권의 무능과 부정부패를 개탄하고 군이 국가개조를 할 수 있다고 믿었으며, 더 나아가서 사회주의를 동경(憧憬)했던 인물이었다.

대구사범 동창, 문화방송 사장 역임

5·16 후 군사정부 시절에 있었던 민족일보 사장 조용수(趙鏞壽) 필화(筆禍) 사건과 북한에서 파견되어 온 황태성(黃太成)을 처형한 사건은 박정희를 향한 좌익 혐의를 부인하고자 했던 조치였음은 이미 알려진 사실이다. 1963년 10월 대통령 선거를 앞두고 동아일보는 박정희 후보에게 좌익 전력이 있음을 크게 보도했는데, 당시 동아일보 기자였다가 박정희 대통령을 도와서 국회의원이 된 이만섭 전 국회의장은 자신의 회고록에서 그것을 '수구 기득권 세력의 발악'이라고 지칭했다.

유신 독재자로 알려진 박정희는 5·16 당시에는 민족주의자이자 사회주의자 면모가 있었으나 미국의 지지를 얻기 위해서 반공주의자이자 자본주의자로 변신하지 않을 수 없었다. 박정희와 대구사범을 같이 다닌 황용주(黃龍珠) 역시 민족주의자이며 사회주의자였는데, 그는 젊은 나이에 부산에서 언론인으로 이름을 날렸다. 안경환 교수가 펴낸 이 책은 이제는 잊힌 황용주를 말년까지 추적해서 기록했다.

정권을 잡은 박정희는 황용주를 좋아해서 문화방송 사장에 임명했지만, 김형욱 등 박정희의 측근들은 황용주를 의심했다. 1964년 월간지 〈세대〉 11월호에 황용주 사장이 기고했던 평화통일론이 야당 의원들에 의해 문제가 되자, 정권 내의 강경파들이 그에게 반공법을 걸어서 제거하려 했다. 친미반공 노선으로 고착화한 박 대통령도 어쩔 수 없었다. 비슷한 주장을 군정(軍政) 기간에 해서 사형을 당한 조용수에 비한다면 그나마 다행이라고 할까.

황용주의 일생에 있어서 흥미로운 부분은 부산일보 사주(社主)였던 김지태(金智泰)와의 관계다. 김지태가 소유했던 부일장학회와 문화방송이 5·16 후 국가로 넘어가는 데 있어서 황용주가 주도적 역할을 했다. 말도 많고 탈도 많은 정수장학회를 입안한 장본인이 황용주였다.

해방 후 일본인 자산을 불하받아서 사업을 키운 김지태는 1949년에 부산일보를 인수했는데, 6·25전란 중 부산이 임시로 수도 역할을 하자 그의 영향력도 커졌다. 1958년 10월, 김지태는 부산일보의 경쟁지인 국제신문의 주필로 필력을 자랑하던 황용주를 파격적인 조건으로 주필 겸 편집국장으로 영입했다. 김지태는 같은 해 1월 부일장학회를 설립했고, 이듬해 4월에는 부산문화방송을 개국해서 우리나라에서 민간 방송 시대를 열었다.

자유당 말기의 독재에 대해 김지태와 황용주는 똑같이 비판적인 입장을 취했다. 부산일보는 최루탄을 얼굴에 맞고 사망한 고등학생 김주열의 사체를 특종 보도해서 세계에 알렸고, 이는 이승만 정권이 몰락하는 계기가 됐다. 하지만 김지태와 황용주의 밀월 관계는 5·16이 일어나면서 끝나고 말았다. 박정희는 오랜 친구이자 부산의 명망 있는 언론인 황용주에게 도움을 청했고, 황용주는 박정희를 자신과 같은 민족주의자로 생각하고 돕기로 했다.

박정희가 황용주를 통해서 김지태에게 쿠데타 자금을 요청했으나 답이 없어서 서운한 감정을 갖게 됐다는 주장도 있다. 하지만 김지태는 민주당 정권과 가까웠던 정치인이었으며, 자본가이자 기업가였다. 박 정희는 혁명 과업을 완수하고 원대 복귀하겠다는 약속을 저버리고 '민 족적 민주주의'를 내걸고 대통령 선거에 출마했다. 황용주는 박정희를 내세워서 자신이 염원해 온 민족주의를 이 땅에서 실현할 수 있다는 꿈에 부풀었다. 하지만 미국 대사관은 황용주를 위험한 인물로 분류해 서 감시했고, 박정희가 자신에 대한 의구심을 해소하기 위해 기용한 정 일권 등은 황용주를 제거 대상으로 보았다.

부산일보·문화방송 헌납 과정의 역할

김지태는 1961년 서울에 문화방송 법인을 설립하고 12월에 방송을 시 작했다. 그러나 1962년 5월, 김지태는 군사정부에 의해 체포됐고, 석 방 조건으로 부산일보와 문화방송, 그리고 부일장학회를 헌납하는 각 서(覺書)에 서명했다. 이 과정에서 황용주가 자신을 키워준 김지태를 배신하고 언론을 장악하려던 박정희 쪽에 섰다는 주장이 설득력을 얻 고 있다. 황용주는 문화방송 사장으로 취임해서 월간지 〈세대〉 필화 사 건으로 물러나게 될 때까지 재직했다. 황용주는 방송은 공적 기관이기 때문에 정부가 운영해야 한다고 생각했다고 이 책은 전한다. 한편 박정 희는 자신에게 비판적인 동아일보에 민간 방송을 허가했으니, 황용주 가 박정희보다 사회주의 성향이 강했다고 볼 수 있다.

이른 나이에 야인이 된 황용주는 그 후 세상에서 잊힌 인물이 되었다. 황용주라는 이름은 문화방송과 정수장학회 문제가 제기될 때 잠시 거론될 뿐이다. 이 책이 전하는 바에 의하면 황용주는 박정희의 3선 개헌과 10월 유신을 지지했고, 박정희가 사망하자 한없이 슬퍼했다고 한다. 황용주가 만났던 박정희는 민족주의자였지만, 3선 개헌과 유신을 거치면서 박정희는 반공과 국가안보를 내세운 독재자로 변했다. 하지만 황용주의 시계는 여전히 1960년대 초에 머물고 있었다. 황용주는 유신 체제하에서 있었던 인혁당 사건 같은 인권유린에 관해선 관심이 없었던 것으로 보인다.

이 책은 인간 박정희를 다시 생각하게 한다. 박정희는 개인의 자유와 책임을 강조하는 보수주의자가 아니었다. 보수주의 철학의 창시자인 에드먼드 버크는 혁명을 위험한 불장난이라고 비난했지만, 박정희는 혁명을 꿈꾸고 정변을 일으켰다. 박정희는 민족중흥을 추구했던 국가주의자이기도 했다. 이 책은 황용주를 박정희와의 만남에 취해 버린 로맨티스트로 그려냈다. 그가 잠시 무대 위에 있었을 때 남긴 일은 문화방송과 정수장학회인데, 우리는 아직도 그 후유증을 겪고 있다.

베트남 운명을 바꾼 1968년 대공세

This Time We Win, 제임스 로빈스 지음, Encounter Books, 2010

주간경향
2016년 1월 5일 자(1158호) 게재

수많은 인명을 희생시킨 베트남전쟁에서 미국은 결국 패배했다. 미국 여론이 베트남전쟁 반대로 돌아선 계기는 1968년 초에 있었던 북베트남군의 구정(舊正) 대공세였다. 대규모 지상군 파병과 폭격을 통해 북베트남의 전쟁 의지를 꺾어 놓은 줄 알았는데, 구정 대공세는 그런 판단을 뒤집어 버렸다. 하지만 제임스 로빈스(James S. Robbins)가 펴낸 이 책은 그 같은 통념을 반박하고 있다. 구정 대공세는 수세에 몰린 북베트남의 도박이었고, 미국은 군사적으로 승리했으나 여론전에서 패배했다는 것이다.

1965년 들어서 미국은 베트남전쟁에 본격적으로 개입하게 됐다. 미합동참모본부는 북베트남에 폭격과 해상봉쇄를 가하고 남베트남에 지상군 50만 명을 파견하면 승리할 수 있다고 보았다. 하지만 린든 존슨 대통령은 합참의 주장을 따르지 않았다. 존슨은 제한된 전쟁을 통해 북베트남을 협상 테이블로 불러올 수 있다고 믿었다.

1967년 한 해 동안 미군은 베트콩을 상대로 공세를 펼쳐서 상황을 안정시키는 데 성공했다. 그해 9월에는 남베트남에서 선거가 이루어져 쿠데타로 정권을 잡은 응웬반티에우 장군이 대통령이 됐고, 응웬까오 끼 장군은 부통령이 됐다. 사이공 정부는 오랜만에 안정을 찾기 시작했고 베트콩의 입지가 약해졌다. 그러자 북베트남 군부는 대규모 공세를 펼쳐서 전세(戰勢)를 회복하고자 했다. 북베트남 수뇌부는 남베트남에 대규모 공격을 가하면 민중 봉기가 일어나서 사이공 정부가 무너질 것으로 기대했다.

1967년 말 미군 지휘부는 북베트남의 대공세가 임박했다고 예상했다. 1968년 1월 21일, 북베트남군은 미 해병대가 주둔하고 있던 케산 고지(高地)에 대한 공세를 강화하기 시작했다. 구정을 하루 앞둔 1월 29일부터 북베트남군과 베트콩은 해안 요충지인 다낭과 나트랑, 그리고 중부 산간 지역에 위치한 쁠레이쿠 등에 공세를 펼쳤다. 1월 31일 심야에는 베트콩 특공대가 사이공 한복판에 있는 미국 대사관을 공격했다. 대사관을 지키던 미 해병대원들과 치열한 총격전이 벌어졌고, 해병 5명이 전사한 끝에 침입자들을 제압할 수 있었다. 미국 대사관이 공격을 받았다는 사실 자체가 큰 충격이었다.

베트콩 특공대의 미국 대사관 공격

———

베트콩은 사이공 시내를 누비면서 학살을 자행하다가 정부군에게 쫓겨 슬럼 지역으로 숨어 버렸다. 이 와중에 베트남 경찰국장인 응웬응옥로안 장군은 사로잡힌 베이 롭이란 베트콩 장교를 처형했다. 이 순간을 AP 통신의 에디 애덤스 기자가 카메라에 담아서 〈뉴욕타임스〉 등 주요 신문에 크게 보도가 됐다.

좋은 집안에 태어나서 미국 유학을 마치고 남베트남군 장교가 된 응웬응옥로안은 프랑스 공군에서 조종사 훈련을 받았다. 1965년 쿠데타를 일으킨 응웬까오끼 장군도 응웬응옥로안과 함께 조종사 훈련을 받았다. 공군 조종사로 명성을 떨친 응웬응옥로안은 친구인 응웬까오끼 장군이 총리가 되자 보안사령관이 됐다. 정부에 불만을 가진 장군들을 진압해서 정권을 안정시키는 데 성공한 그는 경찰국장이 돼서 수도 사이공의 치안을 책임졌다.

응웬응옥로안에 의해 처형된 베이 롭은 암살조를 이끌고 있었다. 베트콩은 남베트남 정부 인사와 이들의 가족, 그리고 자신들에게 우호적이지 않은 언론인과 민간인 지도층을 마구 암살했다. 이들에 의해 1967년 한 해 동안에 3706명이 암살됐고, 5369명이 납치됐다. 구정 대공세가 시작되자 응웬응옥로안은 경찰 병력을 이끌고 베트콩 본거지를 공격하던 중 정부군 장병이 체포해서 데리고 온 베이 롭을 보자 처형하라고 지시했다. 부하 장병이 머뭇거리자 응웬응옥로안은 권총을 꺼내서 베이 롭의 머리를 쏴 버렸다. 응웬응옥로안은 베이 롭이 경찰관과 군인 가족 수십 명을 학살한 암살 조장임을 알고 있었다.

다낭에선 미 해병대와 한국군 해병대가 북베트남군을 몰아내는 데 성공했다. 유서 깊은 고도(古都) 후에에선 미 해병대가 북베트남군과 치열한 시가전을 벌인 끝에 공산군을 패퇴시켰다. 후에는 완전히 파괴됐고 미군과 남베트남 정부군은 많은 전사자와 부상자를 내야만 했다. 후에를 점령한 공산군은 무고한 시민을 학살해서 매장했는데, 나중에 발굴된 시신만 2880구에 달했고, 2000여 명이 실종된 것으로 확인됐다. 후에 대학살은 베트남전쟁 중에 공산군이 저지른 가장 잔악한 학살이었다.

1973년 평화협정 2년 후 베트남 공산화

케산에서는 미 해병대가 77일 동안 버티면서 5배나 많은 북베트남군의 공격을 막아 냈다. 미 공군의 공습과 대규모 포격 지원에 북베트남군은 막대한 희생자를 내고 궤멸하고 말았다. 케산 전투는 후에 전투와 더불어 베트남전쟁 중 미군이 겪었던 가장 치열한 전투였다. 현지 미군 지휘관은 후퇴하는 북베트남군을 추적해서 섬멸하고자 했지만, 존슨 대통령은 이를 허락하지 않았다.

군사적으로 볼 때 구정 대공세는 북베트남의 패배였다. 미군과 남베트남 정부군, 그리고 한국군은 침략해 내려온 공산군을 섬멸하는 데 성공했다. 북베트남이 기대했던 인민봉기는 생기지 않았다. 오히려 북베트남군이 후에에서 양민 수천 명을 학살했음이 알려지자 공산주의자들에 대한 적대감이 높아졌다.

하지만 미국 언론은 베트남전쟁은 '이길 수 없는 전쟁'이라는 식으로 보도를 했다. CBS 방송의 메인 뉴스를 진행하던 월터 크롱카이트는 구정 대공세가 한창이던 때 남베트남을 방문하고 2월 27일에 베트남 특집방송을 내보냈다. 그는 "이제 미국이 협상으로 전쟁을 매듭지어야 한다"고 말해서 큰 반향을 일으켰다. 이 방송이 나가고 5주일 만에 존슨 대통령은 북베트남에 협상을 제안하고, 자신은 그해 대통령 선거에 나서지 않겠다고 선언했다. 그해 가을 대선에선 공화당 후보 리처드 닉슨이 당선됐다.

1969년 12월 〈라이프지(誌)〉는 남베트남의 밀라이라는 마을에서 미군 부대가 양민을 학살했다는 보도를 내보냈다. 미국 정부가 조사에 나섰고, 그것이 사실로 밝혀지자 현장을 지휘했던 켈리 중위는 중형을 선고받았다. 1971년에는 베트남전쟁에 개입하게 된 과정을 정리해 놓은 기밀문서가 〈뉴욕타임스〉에 의해 폭로되었다. 이 문서는 미국이 베트남에 개입하게 된 단초를 제공한 '통킹만 사건'이 실제로 존재하지 않았음을 보여 주었다. 1973년에 베트남 평화협정이 체결됐지만 2년 후에 남베트남은 공산화되고 말았다.

응웬응옥로안 장군은 구정 대공세의 막판에 작전을 지휘하던 중 중상을 입고 경찰국장을 그만두었다. 사이공이 북베트남군에 함락되던 날, 그는 가족과 함께 미군 수송기편으로 탈출했다. 미국 버지니아주에 정착해서 피자 가게를 열었지만, 그의 신분이 드러나서 '처형자'라는 비난에 시달리자 문을 닫고 말았다. 그가 베트콩을 처형하는 장면을 찍은 애덤스 기자는 퓰리처상을 받았지만, 자신의 사진이 '잔학한 처형'으로 인식되는 데 깊은 부담을 느껴야만 했다.

1998년 초 애덤스는 응웬응옥로안이 암 투병 중이라는 소식을 듣고 병원으로 그를 찾았다. 애덤스는 "자신이 찍은 사진이 한 사람의 삶을 바꾸어 놓았고, 자신은 평생토록 그것을 잊으려 했다"고 털어놓았다. 이에 응웬응옥로안은 "운명이다"라고 답했다. 응웬응옥로안은 그해 7월 사망했다.

베트남전쟁과 한국

《베트남 전쟁》, 박태균 지음, 한겨레출판, 2015년

시사IN
2015년 연말부록 〈행복한 책꽂이〉 게재
원제: 동년배들의 묘소를 바라보며

미국인들에게 베트남전쟁은 '잊고 싶은 전쟁'이다. 베트남전쟁은 미국에 신(新)좌파 반(反)체제 운동을 불러일으키고 경제를 병들게 했다. 미국 다음으로 많은 병력을 파견해서 싸웠던 우리에게도 베트남전쟁은 기억하고 싶지 않은 전쟁일 것이다. 박태균 교수가 펴낸 이 책은 그럼에도 이 전쟁이 우리 현대사의 중요한 일부임을 깨닫게 해 준다.

미국이 베트남에 개입한 근거는 '도미노 이론'이었다. 북베트남은 남베트남 정부가 스스로 붕괴할 것으로 기대했지만 그런 일은 일어나지 않았다. 1964년 8월, 존슨 대통령은 통킹만(灣) 공해상에서 미국의 구축함 매독스가 북베트남 해군의 어뢰정 공격을 받았다고 발표했고, 미국 의회는 전쟁 권한을 대통령에게 부여하는 '통킹만 결의'를 통과시켰다. 1965년 2월 초, 전략 요충지인 쁠레이쿠 미군 기지가 베트콩의 공격으로 큰 피해를 입자 존슨은 북베트남에 대한 폭격을 명령했다. 그해 가을 한국군 청룡여단과 맹호사단이 남베트남에 도착했다. 1967년에

는 남베트남에 주둔한 미군이 50만 명을 넘어섰다.

대규모 전력 증강으로 베트콩과 북베트남군은 열세에 몰렸으나 미군은 결정적 승리를 거두지 못했다. 하지만 남베트남 정부는 부패했고 그 군대는 무능했다. 북베트남은 1968년 구정 대공세를 통해 전세(戰勢)를 만회시키려 했으나 미군은 이들을 격퇴했다. 그러나 3년에 걸친 미군의 확전에도 불구하고 북베트남군이 이런 대공세를 취했다는 사실 자체가 충격이었다. 미국의 여론은 반전(反戰)으로 바뀌고, 존슨 대통령은 그해 대통령 출마를 포기하고 북베트남에 협상을 제의했다. 미국과 북베트남이 평화협정에 조인한 것은 1973년 초였고, 2년 뒤 남베트남은 공산화되고 말았다.

저자는 미국이 벌인 베트남전쟁은 목적이 불분명해서 실패할 수밖에 없었다고 본다. 박정희 정부는 한국군 파병을 통해 미국과의 동맹 관계를 공고히 하고 전쟁 특수(特需)를 기대했으며, 실제로 그런 효과가 있었다. 한국군이 남베트남 민간인들을 학살했다는 소문은 참전 용사들의 입을 통해 전해졌으나 이 문제가 공론화한 것은 최근 일이다.

베트남전쟁은 사회적 계층 문제를 야기한 전쟁이었다. 낯선 땅에서 피를 흘렸던 미군 병사와 한국군 병사의 대부분은 대학을 가지 못한 서민층 출신이었다. 대학을 다닌 필자는 병역 연기 덕분에 베트남전쟁과 무관할 수 있었다. 대학원을 마치고 군에 복무할 때 현충원 해군 묘역을 참배하곤 했는데, 베트남에서 전사한 동년배들이 묻혀 있는 묘소를 보고 깊은 상념에 젖기도 했다.

8

베를린 장벽은 이렇게 무너졌다

The Year that Changed the World, 마이클 마이어 지음,
Scriber, 2009

주간경향
2015년 11월 3일 자(1149호) 게재
원제: 베를린 장벽은 이렇게 갑자기 무너졌다

독일이 통일되고 옛 소련과 동유럽 공산체제가 무너진 후 제법 긴 세월이 흘렀다. 〈뉴스위크〉 독일 주재 특파원으로 베를린 장벽이 무너지는 순간을 취재했던 마이클 마이어(Michael Meyer) 기자가 펴낸 이 책은 1989년 유럽에서 무슨 일이 일어났는지를 잘 알게 해 준다.

1989년 11월 9일, 동서 베를린 통행구(通行口)인 체크포인트 찰리(Checkpoint Charlie)에 동독 시민들이 구름처럼 모여들었다. 이들은 장벽을 지키는 동독 경비병들에게 "문을 열라"고 외쳤다. 반대편 서베를린 쪽에선 서독 시민들이 "이리로 오라"고 외쳤다. 당황한 경비병은 상부에 전화를 걸었지만, 동독 정치국 간부들은 도무지 연락이 되질 않았다. 밤 11시 17분, 동독 경비병은 한 통의 전화를 받더니 "문을 열라"고 외쳤다. 이렇게 해서 베를린 장벽은 무너졌다.

그날 저녁 6시, 몇 주 전에 동독 정치국 대변인으로 임명된 귄터 샤보스키는 동독 공산당 서기장 에곤 크렌츠로부터 "동독 시민은 이제

여권을 가질 권리가 있다"는 내용의 메모를 전달받았다. 외신 기자들의 질문에 시달린 샤보스키는 이 메모를 읽어 주었는데, 한 기자가 "새 규칙이 언제 효력을 발휘하느냐?"고 묻자 잠시 머뭇거리다가 "지금 당장"이라고 답했다. 그는 자신의 답변이 얼마나 폭발력이 있는지를 잘 몰랐을 것이다. 샤보스키의 답변은 전 세계에 긴급 뉴스로 알려졌고, 장벽을 지키던 경비병들은 차단기를 열어 버렸다.

베를린 장벽이 허물어지는 조짐은 그해 여름부터 있었다. 1988년 말, 헝가리 공산당은 미국 하버드대에서 공부한 젊은 개혁론자 미클로스 네메스를 총리로 지명했다. 1989년 5월, 네메스는 헝가리와 오스트리아 국경에 쳐 있는 고압전기 철조망이 시대착오라고 선언하고 이를 더 이상 운영하지 않겠다고 선언했다. 이 조치가 알려지자 동독인 수십만 명이 헝가리로 몰려갔다. 헝가리로 향하던 동독인 수천 명이 체코슬로바키아에서 발이 묶이자 이들은 프라하 주재 서독 대사관으로 피신했다. 부다페스트 주재 서독 대사관에도 동독 피난민들이 몰려들었다.

장벽 지키던 경비병들이 차단기 열어

1989년 6월, 폴란드 총선에서 바웬사가 이끄는 자유 노조가 공산당에 대해 완벽한 승리를 거두었다. 1981년 후 야루젤스키 장군이 계엄령으로 통치해 오던 폴란드에서 공산당이 몰락한 것이다. 이런 변화는 예고된 것이었다. 폴란드 출신 교황 요한 바오로 2세는 바웬사를 공개적으로 지지했고, 새로이 소련 지도자로 선출된 고르바초프는 소련이 더 이상 폴란드 공산당 정권을 지원할 수 없다고 야루젤스키에게 통보하는 등 상황이 변했기 때문이다.

헝가리와 폴란드에서 공산당 통치가 사실상 종말을 고하자 그 여파는 독일을 향하고 있었다. 이 거대한 흐름은 소련에서 미하일 고르바초프가 새 지도자로 등장한 후에 생긴 것이다. 로널드 레이건 대통령은 고르바초프가 대화가 되는 상대방이며, 소련에 변화를 가져올 수 있는 지도자임을 알아차렸다. 레이건은 고르바초프와 가진 몇 차례 정상회담에서 군축협상을 매듭지었다.

1989년 초에 들어선 조지 H. W. 부시 대통령은 이 같은 레이건의 정책이 너무 성급했다는 생각을 갖고 있었다. 하지만 부시 대통령은 1989년 7월 폴란드와 헝가리를 방문하고 돌아와서는 생각을 달리하게 됐다. 부시는 폴란드 방문 도중 자유 노조 운동의 발상지인 그단스크 조선소에서 바웬사를 만났는데, 25만 명의 군중이 부시를 환영했다. 부시는 동유럽에 급격한 변화가 닥쳐오고 있음을 알았지만 다른 서방 지도자들의 생각은 달랐다. 미테랑 프랑스 대통령은 부시에게 "독일 통일은 상상할 수 없다"고 잘라 말했고, 대처 영국 총리도 독일 통일에 대해 부정적이었다. 하지만 부시는 헬무트 콜 서독 총리가 독일 통일에 대해 긍정적임을 잘 알고 있었다.

그해 8월 19일 오스트리아를 마주 보고 있는 헝가리 국경지대의 작은 마을에는 매년 열리던 범(汎)유럽 피크닉이 예정되어 있었다. 수백 명이 참가할 것으로 예상했던 행사에 1만 명 넘는 동독인이 몰려들었다. 그날 오후 국경이 무너지고 동독인들이 무더기로 오스트리아로 밀려 들어왔다. '철(鐵)의 장벽'이 본격적으로 무너지기 시작한 것이다. 소문을 듣고 더 많은 동독인이 헝가리로 몰려들었다. 8월 31일에는 헝가리 국경지대의 바탈론 호수 주변 캠핑장에 동독인 15만 명이 모여서 출국을 요구하며 시위를 벌였다. 헝가리 정부는 국경을 개방해서 이들이 오스트리아로 들어가도록 하는 수밖에 없었다.

10월 7일은 동독 정부 수립 40주년이 되던 날이었다. 10월 6일 고르바초프가 베를린에 도착하자 군중은 "고르비, 고르비"를 외쳤다. 동독 공산당 정치국 간부들을 만난 자리에서 고르바초프는 동독 경제의 난맥상을 지적하고 나서 소련도 마찬가지라고 말했다. 공산체제의 수장이 바로 그 공산체제가 수명을 다했다고 위성국가의 공산주의자들에게 통보한 셈이다.

베를린, 라이프치히 등 동독 도시에선 대규모 시위가 벌어졌고, 시위 군중은 시간이 갈수록 늘어났다. 10월 20일 동독을 오랫동안 통치해 온 에리히 호네커가 사임하고 에곤 크란츠가 공산당 서기장으로 취임했다. 11월 4일에는 베를린 중심부에 50만 명의 군중이 모여들어 여행의 자유를 요구하면서 시위를 벌였다. 11월 6일 라이프치히에선 100만 명이 시위를 벌였다.

백악관 안보보좌관실도 TV 보고 알아

시위 군중은 이제 여행의 자유뿐만 아니라 공산체제 자체의 철폐를 요구했다. 크란츠는 체코슬로바키아와의 국경을 열지 않을 수 없었다. 불과 며칠 동안에 동독인 수만 명이 또다시 체코슬로바키아를 통해 서독으로 탈출했다. 동독은 텅텅 비어 가고 있었다. 의사와 간호사들이 탈출하자 병원과 요양원은 문을 닫아야 했고, 교사들이 떠나자 학교도 문을 닫아야 했다. 트럭 운전사들이 트럭을 버리고 탈출하자 생필품과 식량 공급이 끊어졌다.

에곤 크란츠 서기장은 이런 상황에도 권좌에 남기 위해서 동독인들이 원하는 바를 들어주기로 했다. 그는 여권이 있는 동독인은 어디든 국경을 통해 외국으로 나갈 수 있는 출국 비자를 갖게 되며, 여권이 없는 동독인은 신분증에 특별한 스탬프를 찍어서 출국할 수 있도록 하는 규칙을 새로 만들어서 정치국의 승인을 받아 냈다. 11월 9일 오후 5시, 크란츠는 샤보스키에게 새 규칙이 승인됐다고 알려 주었다.

하지만 크란츠는 새 규칙이 추후에 시달할 명령에 의해 시행될 것이라는 점은 샤보스키에게 알려 주지 않았다. 크란츠가 너무 피곤해서 혼동했던 것인지 어떤지는 밝혀지지 않았다. 오후 6시가 되자 샤보스키는 취재진 앞에 나와서 크란츠가 전해 준 메모를 읽어 나갔다. 시행 시점에 대해 아무런 지침을 갖지 못한 샤보스키는 새 규칙이 '지금 당장' 시행에 들어간다고 답하고 집으로 가 버렸다. 크란츠 등 다른 공산당 간부들은 그날 밤 연락이 되지 않았다.

미국 정부도 베를린 장벽이 이렇게 갑자기 무너질 줄은 알지 못했다. 백악관 안보보좌관 브렌트 스코크로프트 장군은 부시 대통령에게 베를린 상황에 대해 보고했지만, 그 역시 TV를 보고 사태를 파악했을 뿐이었다. 동유럽 전문가로 안보부보좌관이던 콘돌리자 라이스도 CNN 보도를 지켜보고 있었다. 훗날 라이스는 자신이 동독에서 벌어지고 있는 일에 대해 잘 알지 못했다고 털어놓았다. 1989년 한 해 동안 동유럽 공산체제는 분명히 무너지고 있었다. 하지만 11월 9일 밤에 베를린 장벽이 갑자기 무너지게 된 데는 이런 에피소드가 있었다.

'1920년대 번영'을 다시 생각한다

Why Coolidge Matters, 찰스 존슨 지음, Encounter Books, 2013

주간경향
2015년 9월 15일 자(1143호) 게재
원제: 작은 정부 추구, '번영의 1920년대' 이끌어

1923년 8월 2일 워런 하딩 대통령이 급사하자 부통령이던 캘빈 쿨리지가 대통령직을 승계했다. 1924년 대선에서 승리해서 4년 임기를 더 채우고 은퇴한 쿨리지는 '번영의 20년대(The Roaring Twenties)'를 이끌었으나 퇴임 후에 발생한 대공황에 책임이 있다는 비난에 시달렸다. 쿨리지는 부패 스캔들로 얼룩진 정부를 쇄신했다는 긍정적인 평가를 받기도 하지만 대통령으로서의 그에 대한 평가는 매우 낮은 편이었다. 하지만 연방정부 개혁을 내건 로널드 레이건 대통령이 취임 초에 쿨리지의 초상화를 백악관 회의실에 내걸자 작은 정부를 내세웠던 쿨리지는 재조명을 받게 됐다.

《왜 쿨리지인가 *Why Coolidge Matters*》의 저자 찰스 존슨(Charles C. Johnson)도 오늘날 미국이 캘빈 쿨리지의 리더십에서 많은 교훈을 얻어야 한다고 주장한다. 조지 W. 부시의 무리한 전쟁과 이에 따른 경제 악화, 그리고 버락 오바마의 과다한 경제사회 정책으로 연방정부가 지나치게 비대해지고 있는 이 시점에서 정부 부채를 줄여서 번영을 가

저온 쿨리지를 다시 평가해야 한다는 말이다.

1872년에 버몬트주에서 태어난 쿨리지는 앰허스트 대학을 다녔고 변호사 자격을 획득했다. 매사추세츠주 노스햄튼에서 성실한 변호사로 명성을 얻은 그는 매사추세츠주 하원의원과 상원의원, 그리고 상원의 장을 지냈고 부지사를 거쳐 1919년에 주지사가 됐다. 매사추세츠 주지사로 있을 때 보스턴 경찰이 파업을 감행하자 이를 불법으로 규정하고 주 방위군을 소집해서 단호하게 대처했는데, 이런 과정에서 전국적 주목을 받게 됐다.

1920년 공화당 전당대회는 워런 하딩을 대통령 후보로, 쿨리지를 부통령 후보로 지명했다. 하딩은 당 간부들의 선택이었지만 쿨리지는 대의원들의 선택이었다. 하딩과 쿨리지는 우드로 윌슨이 이끌었던 8년 동안 미국은 비정상이었다면서 자신들이 미국을 "정상으로 되돌려 놓겠다"고 약속했다. 쿨리지는 "윌슨이 헌법을 무시하고 대통령 권한을 남용했다"고 비난했다. 하딩과 쿨리지는 유권자의 60%를 넘는 지지를 얻어 대승을 거두었다. 부통령이 된 쿨리지는 공식 석상에서 말수가 적어서 '조용한 캘(Silent Cal)'이란 별명이 생겼다.

하딩 대통령 급사, 쿨리지 부통령이 승계

새로 들어선 하딩 정부는 순탄치 못했다. '티포트 돔 스캔들'로 불리는 석유채굴권을 둘러싼 뇌물 사건이 터져서 정부에 대한 신뢰가 무너졌다. 그러던 중에 철도 파업이 발생했으나 권위가 실추된 정부는 위기에 대처할 수 없었다. 1923년 8월 하딩은 뇌출혈로 급사했고 뇌물 스캔들과 무관한 쿨리지가 대통령직을 승계했다. 쿨리지는 하딩이 임명한 국무부 장관 찰스 휴즈, 재무부 장관 앤드루 멜론, 상무부 장관 허버트 후버에게 유임을 요청했다. 대통령은 정부를 이끄는 '동료 중의 리더'라고 생각한 쿨리지는 각료의 판단을 존중했지만, 동시에 대통령이 국정에 대해 최종적 책임을 지고 있음을 잊지 않았다. 비대해지는 정부를 우려한 쿨리지는 대통령의 인사권이야말로 관료제를 억제할 수 있는 수단이라고 믿었다. 그는 대통령의 인사권을 제약하는 의회의 조치가 위헌이라고 생각해서 이 문제를 대법원에 가져가서 승소 판결을 받아 냈다.

쿨리지는 정부 지출을 줄여서 균형예산을 이루고자 했고, 그런 노력에 힘입어 1923년에 223억 달러이던 연방정부 부채는 1929년에 169억 달러로 줄었다. 쿨리지는 제한된 정부를 주창했던 토머스 제퍼슨이 옳았으며 '견제와 균형'을 구현한 미국 헌법은 인류가 만든 최고의 문서라고 생각했다. 쿨리지는 대부분의 법률은 잘못됐거나 불필요한 것이며, 백악관을 방문하는 사람의 90%는 해서는 안 되는 부탁을 하고 있다고 술회했다.

쿨리지가 대통령을 지낸 기간 동안 미국의 연 경제성장률은 9%를 넘었고 이 덕분에 흑인, 일본계 주민 등 소수인종들이 많은 혜택을 입었다. 우드로 윌슨과 그의 각료들은 인종주의자들이었지만, 쿨리지는 흑인에 대한 린치를 비난하고 흑인들을 위해 세워진 하워드대학에 연방 예산을 지원하는 등 흑인들의 권익 신장을 위해 많은 일을 했다. 쿨리지 임기 중 흑인의 실업률은 백인 수준으로 떨어졌고 흑인 유아 사망률도 대폭 감소했다.

1924년 대선을 앞두고 열네 살 된 아들이 사망하자 쿨리지는 큰 충격에 빠졌다. 그런 쿨리지를 대신해서 부통령 후보 찰스 도스가 정력적으로 유세를 펼쳐서 선거를 승리로 이끌었다. 1923년 9월 일본 도쿄에 대지진이 일어나자 쿨리지는 미 해군 아시아 함대를 도쿄로 보내서 구호 활동을 돕도록 했고, 미국민에 보내는 메시지를 통해서 1200만 달러를 모금해서 일본에 전달했다. 쿨리지는 주지사와 대통령으로서 가톨릭 신자와 유대인 등 미국 사회의 소수자를 능력 위주로 발굴해서 기용했다. 쿨리지는 1907년에 이미 여성 참정권을 주장했으며, 그가 부통령과 대통령으로 있었던 8년 동안 8명의 여성이 하원의원으로 선출됐는데, 그중 7명이 공화당원이었다.

흑인 등 소수인종 권익 신장에 큰 기여

────────

쿨리지가 재선에 성공하자 휴즈 국무부 장관이 사임하고 후임으로 프랭크 켈로그가 임명됐다. 켈로그 국무부 장관은 켈로그-브리앙 조약으로 불리는 부전(不戰)조약을 체결했다. 쿨리지는 '체약국은 분쟁을 평화적으로 해결하고 전쟁을 해서는 안 된다'는 이 조약에 서명했지만, 조약이 평화를 담보한다고 생각하지는 않았다. 1929년 초 임기 마지막 순간에 쿨리지는 항공모함 2척과 중순양함 15척을 건조하는 법안에 서명했다. 이렇게 건조된 항모 렉싱턴과 사라토가는 제2차 세계대전 중 큰 활약을 했다.

두 번째 임기에 들어서서 쿨리지는 아들을 잃어버린 상실감 때문에 말이 더 적어졌다. 그럼에도 쿨리지는 자신이 공복(公僕)임을 깊이 인식했던 대통령이었다. 자신도 평범한 미국인이라고 생각한 그는 개인이 보다 많은 소득을 누리는 것이 중요하다고 보았다. 쿨리지는 여러 차례에 걸쳐 세금을 인하해서 그가 대통령직에서 떠날 때는 미국인 98%가 소득세를 한 푼도 내지 않았다. 1920년에는 연간 10만 달러 이상을 버는 미국인이 전체 세입의 29.9%를 냈으나 1929년에는 그 비율이 62.5%에 달했다. 1920년대 호황기에 많은 미국인이 주식을 샀으나 쿨리지는 주식투자를 하지 않아서 대공황의 영향을 적게 받았다.

대통령을 그만두자 대기업 회장, 대학 총장 등 많은 자리가 그를 기다리고 있었으나 쿨리지는 모두 사양하고 신문 잡지에 칼럼을 기고하면서 은퇴 생활을 했다. 쿨리지는 자신의 칼럼에서 "대공황은 성급한 정책 결정이 아닌 냉정한 인내로서 극복할 수 있다"고 주장했다. "부자에게 세금을 무겁게 부과해서 정부를 유지하려는 발상은 잘못이고, 높은 세금은 가난한 사람을 더욱 가난하게 만들고 계층 간 갈등을 야기한다"고 했으며, "부자가 갖는 부(富)의 힘을 두려워할 이유가 없다. 부자는 이따금 그것을 남용하기도 하지만 거부(巨富)가 3대를 가는 경우를 보기 어렵다"고 설파했다.

쿨리지는 경제와 재정은 앤드루 멜론 재무부 장관에게 일임했다. 하딩, 쿨리지, 그리고 후버 대통령에 걸쳐 재무부 장관을 오래 지내면서 감세를 통해 민간투자를 촉진해서 젖과 꿀이 흐르던 1920년대를 만들어낸 멜론은 대공황이 닥쳐오자 장관직을 사임했다. 쿨리지는 1933년 1월에 60세 나이로 자택에서 급성 심혈관 질환으로 갑자기 사망했다. 쿨리지는 대통령 재임 시 균형예산을 통해 정부 부채를 줄인 마지막 미국 대통령이었다. 쿨리지는 청렴하고 권한을 절제했던 대통령이었다. 많은 나라가 정부의 비효율과 막대한 공공부채로 몸살을 앓고 있는 요즈음 그의 정치철학이 재평가되는 것은 이상한 일이 아니다.

10 '1930년대 뉴딜'을 다시 생각한다

Three New Deals, 볼프강 쉬벨부시 지음,
Metropolitan Books, 2006

주간경향
2015년 11월 24일 자(1152호) 게재

우리는 경제를 살리는 정책을 말할 때 흔히 '뉴딜'을 거론하곤 한다. 노무현 정부는 수도 이전을 뉴딜이라고 주장했고, 이명박 정부는 4대강 사업을 뉴딜이라고 둘러댔다. 거슬러 올라가면 박정희 정권은 다목적 댐 건설을 뉴딜에 비견해서 말하곤 했다. 뉴딜은 1929년 주가 대폭락으로 시작된 대공황을 극복하기 위해서 프랭클린 D. 루스벨트 대통령이 내놓았던 정책인데, 뉴딜 덕분에 미국이 대공황을 극복했다고 알고 있는 사람이 많다.

당시 시대상 반영하는 대형건축물 붐

하지만 뉴딜에 힘입어 미국이 대공황에서 탈출했다는 주장은 신화에 불과하다. 뉴딜이 미국에만 있었던 정책도 아니다. 대규모 토목공사를 일으켜서 경제를 회복시키려는 노력은 나치 독일과 파시스트 이탈

리아 정부가 먼저 시도했다. 1920년대에 심각한 인플레이션과 불황을 겪은 독일과 이탈리아는 대규모 토목공사로 경제위기를 극복하려 했다.

독일의 역사학자 볼프강 쉬벨부시(Wolfgang Schivelbusch)는 이 책에서 미국의 뉴딜 정책은 당시에 독일과 이탈리아가 시행한 전체주의적이며 사회주의적인 정책과 여러 가지 측면에서 닮았다고 지적한다. 강력한 지도자, 국가와 국민을 강조하는 이념, 경제·사회 문제에 대한 국가의 과다한 개입, 정부가 앞장서서 정책을 홍보하는 행태 등에서 루스벨트의 뉴딜은 일종의 전체주의였다는 것이다.

저자는 1930년대에 성행했던 복고풍(復古風) 대형건축물 붐으로부터 당시의 시대상을 읽을 수 있다면서 책을 시작한다. 베를린의 인민전당, 모스크바의 소비에트 궁전, 파리 근교의 샤요 궁전이 그때 지어진 건축물이었다. 워싱턴에도 페더럴 트라이앵글, 스미스소니언 박물관, 제퍼슨 기념관 등 석조 건물이 들어섰다. 경제위기에 시달린 사람들은 자유민주주의와 시장경제에 대한 신뢰를 접고 국가가 더 큰 역할을 해 주기를 기대했는데, 신(新)고전주의 석조(石造) 건물은 이 같은 국가의 권위를 상징했다.

1933년 초 루스벨트가 대통령에 취임할 때 이탈리아에선 무솔리니의 파시스트 정부가 11년째 집권 중이었고, 독일에는 히틀러가 이끄는 나치당이 집권에 성공한 후였다. 서유럽에선 파시즘을 공산주의 소련에 대항할 수 있는 체제로 생각하는 경향이 있었는데, 미국에도 시장

자본주의를 뉴딜이란 국가 주도 정책으로 교체하려는 정권이 들어선 것이다. 극심한 경제적 고통을 겪은 사람들은 자본주의가 몰락하면 민주주의도 함께 몰락하리라 생각했고, 거기에 대한 답을 국가로부터 찾으려 했다.

일찍이 전체주의 체제를 수용한 이탈리아와 독일은 스페인 내란에 개입해서 파시즘을 스페인에 수출하는 데 성공했다. 이탈리아와 독일은 국가 총동원 체제를 이용해서 제로 실업률을 달성하는 데도 성공했다. 루스벨트 정부의 뉴딜주의자들은 파시즘과 공산체제가 효율성 측면에서는 자유민주주의 체제보다 우수하다고 생각했다. 이들은 국가산업부흥법(NIRA) 등 뉴딜 입법을 통해 생산과 가격을 통제하는 등 민간 경제에 대한 국가 개입을 극대화했다.

하지만 유럽과 달리 미국에선 이런 정책이 실업률을 감소시키지 못했다. 독일과 이탈리아가 불황에서 벗어났는데도 미국은 여전히 공황의 터널을 벗어나지 못했으니 루스벨트의 뉴딜은 실패에 봉착한 셈이었다. 뉴딜주의자들은 자신들이 유럽의 국가사회주의와 동일시되는 데 거부감을 느꼈지만, 이들도 자신들의 정책을 홍보하는 데는 열심이었으니 그것도 파시즘을 닮았다.

뉴딜주의자들은 자연보호단(The Civilian Conservation Corp)이란 준(準)군사조직을 만들어서 실업자들을 공공 토목사업으로 내몰았다. 루스벨트 대통령은 애팔래치아 지역에 댐을 세우기 위해 테네시 계곡 공사(TVA)를 발족시켰다. TVA는 댐을 여러 개 건설해서 거기서 생산된 전기를 낙후된 지역에 공급했는데, 루스벨트 정부는 이 사업을 뉴딜의 상징으로 홍보했다.

루스벨트는 뉴딜 정책을 라디오 방송을 통해서 직접 국민에게 설명했다. 당시 전 세계에 보급된 2000만 대 라디오 중 1600만 대가 미국에 있었으니 미국은 가히 라디오 왕국이라고 할 만했다. 루스벨트 대통령은 라디오라는 새로운 매체를 적절하게 이용해서 자신의 카리스마도 지킬 수 있었다. 당시 라디오 방송국은 6개월마다 면허를 갱신하도록 명시되어 있어서 방송국은 정부에 협력하지 않을 수 없었다. 라디오는 사실상 정부의 홍보 매체였다.

루스벨트가 댐을 건설했다면 히틀러는 아우토반(고속도로)을 건설했다. 히틀러는 아우토반 기공식에서 손수 첫 삽을 떴으며, 완공된 구간에선 군사 퍼레이드를 연상시키는 개통식을 직접 주관했다. 미국과 달리 독일은 라디오가 제대로 보급되지 않아서 히틀러는 군중 집회 연설로 국민을 설득하고 선동했다. 히틀러는 나치스 문장과 각종 상징물을 적절하게 사용해서 자신들의 존재를 알렸다.

미국에서 뉴딜 입법의 상징인 국가산업부흥법을 집행하는 국가부흥청(NRA)은 '블루 이글' 표시를 뉴딜 정책의 상징으로 이용했다. 국가부흥청은 정부 정책에 부응하는 기업체에는 '블루 이글' 마크를 부여했고, 그러하지 않은 기업은 적대적으로 대했다.

21세기에는 답이 될 수 없는 뉴딜

정부가 무슨 일을 해도 실업률이 줄어들지 않자 뉴딜주의자들은 보다 과격한 발상을 실천에 옮겼다. 이들은 웨스트버지니아 아서데일에 실업자를 집단적으로 수용할 새로운 타운을 세웠다. 집단농장을 건설해서 실업자들을 수용하려고 했으니 전체주의와 다를 바가 없었다. 무솔리니가 시행했던 집단이주정책과 꼭 닮은 이 실험은 얼마 후 실패로 판정이 나고 말았다. 독일도 뮌헨 부근에 위치한 라멘돌프에 새로운 전원형 도시를 건설했으나 역시 실패로 돌아갔다.

소련에선 스탈린이 경제개발 5개년 계획을 세웠고, 그 일환으로 1927년에 드녜퍼강에 거대한 댐을 세워서 주변에 전기를 공급하는 데 성공했다. 1920년대의 번영이 한순간에 무너지는 것을 경험한 미국인들은 소련에서의 이러한 성과를 긍정적으로 보았다. 무솔리니가 로마 부근의 황량한 폰틴 습지를 개간해서 농경지로 만드는 공사를 밀고 나간 것도 스탈린의 발상과 비슷한 것이었다. 무솔리니는 마치 전쟁을 치르듯이 개간사업을 지휘했고, 농토로 바뀐 땅에 세워진 새 도시를 파시즘의 상징으로 내세웠다.

뉴딜 정책에도 불구하고 미국은 독일이나 이탈리아처럼 전체주의로 흘러가지는 않았다. 계층 갈등이 심각해서 사회주의가 성행했던 유럽과 달리 미국은 중산층이 두꺼워서 계층 갈등이 적었기 때문이다. 무엇보다 제2차 세계대전이 미국을 독일 및 이탈리아와 갈라놓았다. 종국적으로 미국의 자유민주주의가 승리했고, 독일과 이탈리아의 국가사회주의는 패배했다.

　미국, 독일, 그리고 이탈리아가 1930년대에 겪었던 '뉴딜'을 우리는 1960~1970년대에 경험했다. 소양강댐과 안동댐, 경부고속도로, 그리고 대규모 간척사업은 그 시대의 상징이었다. 시장 자본주의가 발달하지 못한 우리나라에선 개발을 위해서 전체주의적인 한국형 뉴딜이 필요했다. 하지만 21세기에 뉴딜이 더 이상 답이 될 수 없음은 너무나 분명하다.

11 한국 경제는 어떻게 성공했나

The Tyranny of Experts, 윌리엄 이스털리 지음,
Basic Books, 2013

주간경향
2015년 6월 16일 자(1130호) 게재
원제: 경제성장에 현명한 독재자는 없다

오늘날 아프리카 등 제3세계 빈곤국의 상황은 암울하다. 세계은행 등 국제기구는 물론이고 미국 해외개발처 등 선진국 정부 기관, 그리고 록펠러 재단에서 빌 게이츠 재단에 이르는 많은 민간재단이 제3세계의 빈곤을 퇴치하기 위해 인력을 파견하고 식량과 의약품을 공급하고 있다. 이런 기관들은 빈곤국에 전문가를 파견해서 이들 정부에 기술적 자문도 하고 있다. 그럼에도 불구하고 빈곤국의 사정은 나아지지 않는다. 반면에 우리나라, 싱가포르, 타이완, 그리고 중국은 빈곤 탈출과 경제성장에 성공했다. 동아시아 국가들은 어떻게 성공했으며, 다른 대부분 빈곤국은 왜 아직도 계속 빈곤한가?

뉴욕대학의 경제학자인 이 책의 저자 윌리엄 이스털리(William Russell Easterly)는 세계은행 등 개발원조 기관은 대부분 제3세계의 압제자들을 도와주는 결과를 초래해서 이들이 통치하는 빈곤국은 더욱더 가난하고 불행해졌다고 주장한다. 빈곤국에 대한 경제원조가 오히려 빈곤을 고착시킨다는 것이다. 저자는 개발원조 기관들은 개별 국가

들의 역사, 지리, 인종 등 그 나라의 사회적 환경을 도외시하고 마치 자신들이 원점에서 국가를 건설하는 듯 착각해서 이 같은 결과를 초래했다고 비판한다.

압제자들의 통치는 빈곤을 고착화

1974년에 노벨 경제학상을 수상한 군나르 미르달은 자신과 같은 전문가들이 사회공학 계획을 수립해서 '원점(Blank Slate)'에서 빈곤국을 관리하면 이들이 빈곤을 탈출할 것이라고 믿었다. 반면 같은 해에 미르달과 함께 노벨 경제학상을 수상한 프리드리히 하이에크는 전문가들이 사회를 디자인할 수는 없으며, 개인의 자유와 권리를 보장해서 사회가 스스로 문제를 해결하도록 여건을 조성해야 한다고 생각했다.

역사는 미르달의 시도가 실패했음을 보여 준다. 일단의 미국 지식인들과 록펠러 재단은 중국의 장제스 정부에 대해 경제개혁 모델을 제시하고 그들이 바라는 '자유로운 중국'을 건설하고자 했다. 하지만 장제스는 미국이 주는 원조를 자신의 권력 기반을 강화하는 데 사용했고, 결국에는 마오쩌둥이 이끄는 공산군에게 중국 본토를 내어 주고 타이완으로 피난을 가야만 했다.

제2차 세계대전이 끝난 후에 미국이 주도하는 세계은행은 중남미와 아프리카에 전문가를 파견해서 신생국가들의 경제를 발전시키고자 했다. 세계은행은 개발원조 대상 국가의 국내 정치에 개입할 수 없어 세계은행이 파견한 전문가들은 독재 정권에 대해 자문을 하고 자금을 지원해야만 했다. 제3세계 독재자들은 서방국가가 준 돈과 물자를 이용해서 압제체제를 강화할 수 있었고, 이로 인해 독재자들의 권력이 강화되고 국민의 삶은 더욱 피폐해졌다.

빈곤국을 돕겠다는 좋은 뜻을 갖고 있는 사람들은 아직도 실패한 모델을 따르고 있다. 빌 게이츠가 세계의 빈곤 문제를 방치할 수 없다며 게이츠 재단을 만들어서 아프리카의 유아 사망률을 낮추겠다고 나서는 것이나, 세계은행 총재로 취임한 한국 출신 김용 박사가 "세계은행은 정교한 디자인을 통해 빈곤 문제를 해결해 나가는 역할을 할 것"이라고 선언한 것도 그런 경우다.

저자는 정부가 주도적으로 끌고 나가는 국가 정책은 처음에만 효력을 발휘하다가 결국에는 원래 상태로 되돌아가고 만다고 지적한다. 1960년대부터 1990년대까지 세계은행이 지원해서 경제성장 계획을 시행해 나간 나라들은 초기에는 높은 성장을 하다가 얼마 후에 성장세가 주저앉고 그런 다음에는 오히려 후퇴해 버린 경우가 대부분이었다. 그렇다면 빈곤을 탈출한 한국은 어떻게 설명할 것인가?

국가 주도 정책은 처음에만 효력

저자는 한국 등 동아시아는 '시장(Market)'이 기능해서 성공했다고 평가한다. 그러면서 저자는 현대자동차를 예로 들어서 설명한다. 농사도

되지 않는 함경도 척박한 마을에서 태어난 정주영은 살아가기 위해서 자동차 수리점을 열어서 고향의 가족을 부양했는데, 그는 시장이 요구하는 것이 무엇인가를 체험으로 깨달았다. 정주영은 시장의 '보이지 않는 손(Invisible Hand)'을 신봉했고, 그 연장선에서 미 군정에서 박정희와 전두환으로 이어지는 한국 정부를 적절하게 이용할 줄 알았다.

정주영은 또한 '특화(specialization)' 전략을 성공적으로 구사했다. 포드 자동차가 한국에 진출할 때 파트너로서 자동차를 조립했고, 포드와 결별한 후에는 미쓰비시와 손잡고 소형 자동차를 개발했다. 1985년에 미국에 소형 승용차를 처음 수출한 후에도 현대자동차는 중형과 소형 승용차로 특화해서 성공했다. 현대자동차뿐만 아니라 한국의 특화 성장전략은 매우 성공적이었다.

저자는 동아시아 경제성장이 덩샤오핑, 리콴유, 박정희 같은 '현명한 독재자'에 힘입었나 하는 문제도 다루고 있다. 저자는 몇몇 압제자가 경제를 성공시켰지만, 김일성, 카다피, 모부투, 무가베, 마르코스 등 대부분의 압제자는 경제를 파탄시켰다고 지적한다. 그러면서 좋은 결과를 가져온 '훌륭한 압제자(Benevolent Autocrats)'들은 그들의 역할에 비해 지나친 평가를 받고 있다고 말한다. 한국의 눈부신 경제성장에 대해선 박정희, 전두환, 노태우 대통령의 정책보다는 한국의 총체적인 조건과 상황, 그리고 동아시아 지역이라는 것 자체가 더 큰 역할을 했다고 저자는 주장한다.

저자는 경제성장에는 압제적 정부가 필요하다는 주장은 민주화 이후의 한국에서의 지속적 경제성장에 비추어 보더라도 근거가 박약하다고 반박한다. 어떠한 연구도 독재 정권이 고도성장을 위해 필요하다는 명제를 뒷받침하지 않는다고 단언하면서, 한국도 예외가 아니라고 말한다. 한국의 발전은 특정한 지도자 덕분이 아니라 한국 사회의 광범한 상황에 힘입은 것이라는 분석이다. 정치 지도자는 성장을 이끌지 못하며, 따라서 정치 지도자에게 자문하는 전문가들은 결국 압제자에게 보다 많은 권력을 부여하는 결과를 초래한다고 저자는 말한다.

12   신자유주의는 어떻게 무너졌나

《자본주의는 왜 무너졌는가》, 나카타니 이와오 지음, 이남규 옮김,
기파랑, 2009년

주간경향
2012년 6월 26일 자(981호) 게재
원제: 신자유주의 경제학자의 참회 고백

내가 서울대 법대를 다니던 1970년대에는 경제활동에 대해선 정부가
규제를 해야 한다고 보는 '정부 간섭주의'가 정설(定說)로 자리 잡고 있
었다. 1979년에 미국에 유학 간 필자는 행정법을 수강했다. 우리와 달
리 미국 행정법은 행정절차와 규제행정이 주된 내용인데, 그중에 '규제
해제'에 관한 비중이 컸다. 당시는 카터 행정부가 항공산업에 대한 규
제를 해제한 직후였다. 공익과 소비자를 위해선 자유경쟁이 필수적이
고, 정부 규제는 독과점을 초래해서 경쟁력을 떨어뜨린다는 내용은 충
격적이었다. 규제가 풀려 버린 항공사업 시장은 치열한 경쟁이 생겼고
이에 뒤진 이스턴항공사는 결국 파산했다. 미국인들은 오래된 대형 항
공사의 파산을 당연하게 받아들였다.

　　1980년 대통령 선거 시즌이 시작되자 공화당의 로널드 레이건 후보
는 감세를 공약으로 내세웠다. "감세를 통해 경제를 일으키겠다"고 주
장한 것이다. 레이건은 압도적 표차로 대통령에 당선됐다. 그 대선을
현지에서 지켜본 나는 솜이 물을 빨아들이듯이 '규제 해제'와 '감세'라

는 독트린에 빠져들었다. 케인스 대신에 하이에크와 밀튼 프리드먼이 나의 머릿속을 차지하고 말았다.

저자 나카타니 이와오(中谷 巖)는 닛산 자동차에서 근무하다가 하버드에 유학 가서 경제학 박사학위를 했다. 일본에 돌아온 그는 대학에서 미국식 신자유주의 경제철학을 전파했다. 고이즈미 정권이 들어서자 저자는 일본 경제 '구조개혁'에 직접 참여해서 미국식 자유주의 경제 논리를 일본에 접합시켰다. 그러자 일본 기업의 전통이던 종신고용이 무너졌고, 자유무역 추세에 따라 일본의 제조업은 중국과 동남아 등지로 생산기지를 옮겼다. 비정규직 노동자가 늘어났고, 빈부의 격차가 커졌다. 불과 10여 년 사이에 일본이 바뀐 것이다. 그리고 2008년 금융위기가 세계를 강타했다.

저자는 이 책이 자신의 '참회와 전향'이라고 했다. 자신이 미국 유학을 통해 받아들였던 신자유주의 경제철학은 원래 잘못됐고, 그것을 일본에 전파하고 시행한 자신이 '죄인'이라는 것이다. 저자는 자신이 주도한 구조개혁이 일본인을 행복하지 못하게 만들었다고 고백한다. "보이지 않는 손'에 의해 경제가 자율적으로 굴러간다"는 주장은 "계급사회 엘리트들의 암묵적인 생각"일 것이라고 말한다.

저자는 "일본에 남아있는 기득권 구조에 메스를 대는 동시에, 시장 메커니즘이나 글로벌 자본주의가 가진 폭력성을 냉철하게 바라보고, 그것을 역순(逆順)으로 잡아 일본이나 세계가 좋은 방향으로 나아갈 수 있도록 개혁을 추진하지 않으면 안 된다"고 주장한다. 그는 미국이 주도한 글로벌 자본주의가 폐단이 많다고 역설한다. 글로벌화(化)에 따른 빈부 격차 확대는 "'시장의 실패'에서 유래하는 것이기보다는 글로벌 자본주의 그 자체에 내재된 본래적 기능이 아닌가 하는 것이 나의 생각"이라고 말한다.

이처럼 일본이 미국식 개혁을 추진한 결과는 비참하다고 저자는 힘주어 말한다. 중국 등 인건비가 싼 나라에서 나오는 제품과 경쟁해야 했던 기업들은 '격차가 의욕을 낳는다'는 사상에 기초해서 회사 종업원을 정규직과 비정규직으로 나누는 분단형 개혁을 추진했다. 그 결과로 일본은 미국에 이어 빈곤층의 비율이 가장 높은 세계 제2위의 '빈곤 국가'가 되고 말았다고 지적한다.

저자는 2008년 금융공황으로 인해 "자본주의가 '인류 보편의 원리'였던가?"에 대해서도 의문이 일고 있다고 말한다. 저자는 쿠바와 부탄의 예를 들면서, 국민의 행복은 물질적 풍요와 비례하지는 않는다고 지적한다. 저자는 일본이 미국식 자본주의 모델을 폐기하고 덴마크 등 북유럽 국가 시스템을 도입해야 한다고 주장한다.

저자가 미국을 재평가한 대목도 흥미롭다. 저자는 미국이 보기 드문 '이념형 종교 국가'라서 실패했다고 본다. 무모하기 이를 데 없는 이라크전쟁은 그러한 성격을 규명하지 않고서는 이해할 길이 없다는 것이다. 미국은 자유와 평등의 이념에서 생성된 민주적 시스템인 시장 메커니즘을 전 세계로 확산시키는 것이야말로 '정의'라고 믿고 있다고 꼬집는다.

13

일본 대지진 참사의 교훈

《일본의 눈물》, 김대홍 지음, 올림, 2012년

주간경향
2012년 4월 3일 자(969호) 게재
원제: 대지진 참사 1년, 일본이 주는 교훈

2011년 3월 일본 동북부를 휩쓴 쓰나미와 이로 인한 원전 폭발은 전에 없던 재앙이었다. 참사가 일어난 지 1년이 지나도록 일본은 그 후유증에서 벗어나지 못하고 있다. 저자 김대홍은 KBS 도쿄 주재 특파원으로서 그때의 대재앙을 지켜볼 수 있었다. 뉴스로 미처 전달하지 못한 생생한 현장 이야기와 그 후 일본 사회가 겪고 있는 변화를 책에 담았다.

책 전반부는 지진이 일어나던 날에 저자가 겪은 상황을 그리고 있다. 쓰나미 경보가 내려진 후 대피 독려 방송을 하다가 숨진 젊은 여직원 엔도 미키 씨, 순식간에 목숨을 잃어버린 소방대원들에 관한 이야기는 가슴을 뭉클하게 한다.

저자도 지적하듯이 쓰나미보다 더 무서운 것은 원전 폭발로 인한 방사능 오염이다. 일본 정부는 방사능 오염을 솔직하게 인정하기보다는 사회적 안정을 되찾는 것이 더 중요하다고 보았다. 그러다 보니 정부에 대한 불신이 깊어만 가고 있다. "일본인들이 재앙 앞에서도 질서를 지키고 슬픔을 안으로 삭인다"는 이야기도 옛말이라고 저자는 전한다. 일본인들은 이제 일상적인 먹거리가 방사능에 오염되지 않았을까 걱정하게 됐다. 심지어 수돗물도 방사능에 오염되었을 것이라고 걱정하게 되었으니 상황이 심각하다.

일본 정부와 원자력 과학자들은 후쿠시마 원전 폭발이 '생각지 못했던 일(想定外 : 소테가이)'이라고 하지만 저자가 만난 많은 과학자는 후쿠시마 사고 같은 일이 일어날 수 있다고 수차례 경고했기 때문에 후쿠시마 사고는 '과학적으로 예측 가능한 일(想定內 : 소테나이)'이라고 말한다고 전한다. 익명을 조건으로 취재에 응한 과학자들은 후쿠시마 원전사고에 대한 정부의 발표에 의문이 많다고 말했다. 쓰나미 이전부터 후쿠시마 제1 원전에는 문제가 있었다고 말하는 전문가도 적지 않았다고 저자는 전한다.

후쿠시마 원전이 연쇄 폭발하게 된 원인은 쓰나미로 인해 비상 발전기가 고장이 나서 냉각기능이 중단됐기 때문이다. 그 상황에서 처음부터 바닷물을 주입했더라면 온도를 낮추었을 것이고, 그러면 수소 발생도 최소화할 수 있었을 것이다. 그러나 원자로에 바닷물을 주입하면 원자로가 못쓰게 되는 것을 알고 있던 전력회사 경영진이 바닷물 주입을 망설이는 바람에 상황을 키웠다. 후쿠시마 1호 원전에는 냉각수 수위 측정기가 고장이 나 있어서 당시 상황의 심각성을 잘 몰랐을 것이라는 말마저 있다. 일본 정부와 전력회사가 정보를 숨겨서 이 같은 대형 원전사고를 초래했다는 것이다. 우리나라 정부와 원전 사업자에겐 이런 일이 없을까 하고 생각해 보게 하는 대목이다.

후쿠시마 원전사고는 일본의 왜곡된 원자력 정책이 초래한 바가 크다는 지적이 많다고 저자는 전한다. 원전업계의 연구비를 받는 교수, 발전회사의 후원금에 의존하는 정치인들 때문에 기약도 없는 폐연료 재처리 정책을 계속 밀고 나가고 있다는 평가다. 후쿠시마 사고 이후 일본 전역에 있는 54개 원전 가운데 52기가 점검 등의 이유로 멈춰 있고, 2012년 5월부터는 나머지 2개도 중단할 예정이어서 그 후로 일본 국민들은 원전 없이 생활해야 한다. 원전에 의존해 온 일본의 원자력 정책과 일본인의 삶에 어떤 변화가 올지 우리도 관심을 가져야 한다. 우리나라는 일본 못지않게 원자력에 대한 의존도가 높기에 특히 그러하다.

14

강과 모래의 소중함을
너무 늦게 깨달았다

《모래강의 신비》, 손현철 지음, 민음사, 2011년

주간경향
2012년 1월 3일 자(957호) 게재

이명박 정권 4년 차가 지나가고 있다. 지긋지긋하게 길다고 하면서도 한편으론 우리 자신을 돌아보게 해 준 공적(功績)이 있다고 말한다. 이명박 대통령의 또 다른 공적으로는 강과 모래의 의미를 깨닫게 해 준 것이다. KBS 다큐멘터리 프로듀서인 손현철이 직접 쓰고 사진을 찍어 펴낸 이 책은 우리 시대의 아픔을 담은 슬픈 기록이다.

대학에선 철학을 전공한 저자는 문명과 자연의 상호작용에 관심이 많아 보인다. 그는 화산, 철갑상어, 천연두 등 독특한 비정치적인 주제를 즐겨 다루었다. 그러던 그가 이번에는 강과 모래를 다루었다. 강과 모래가 정치적으로 가장 민감한 주제이니, 우리는 참으로 어처구니없는 시대에 살고 있다.

저자는 이명박 정권이 "제2차 세계대전 때 나치 독일이 벌인 전격전을 하는 방식으로 멀쩡한 4대강의 자연스러운 흐름과 모습을 파괴하고 있다"고 지적한다. 4대강 사업으로 인해 "모래가 강에서 제거돼야 할 대상으로 지목"됐기 때문이다. 지금 4대강을 찾으면 처참하게 파헤쳐진 강과 거기서 퍼 올린 모래가 산맥을 이루며 쌓여 있는 모습을 쉽게 볼 수 있다. 어떻게 해서 이런 일이 있을 수 있는지 눈을 의심하지 않을 수 없지만, 공중파 TV와 메이저 신문에선 그런 기사와 영상을 볼 수 없다. 엄연히 존재하지만 없는 것처럼 되어 버린 존재가 불과 2년 만에 완전히 파괴돼 버린 우리의 모래강이다.

저자는 하찮아 보이는 모래가 한반도 자연 순환계의 고리로, 우리의 자연 역사이고 문화임을 설명하면서 책을 시작한다. 계절별로 유량 변화가 심한 한반도에선 모래가 강의 수질을 정화하고 더 나아가 수량을 조절하는 역할을 하는데, 4대강 공사는 한두 해 동안에 그 같은 자연 메커니즘을 완전히 파괴하고 있어 앞으로 어떤 재앙이 닥칠지 알 수 없다고 경고한다. 저자는 파괴되고 있는 4대강을 찾아다니며 사진을 찍었다. 그는 "책에 실린 사진은 모래톱의 영정 사진이, 글은 모래강을 위한 조사(弔詞) 혹은 비망록이 될지도 모른다"고 했다.

저자는 한강종합개발이 이루어지기 전에는 한강 변으로 사람들이 여름에 피서를 왔고, 여의도도 원래는 모래로 이루어진 하중도(河中島)였다고 설명한다. 1950년대 말까지 서울 사람들은 여름에 뚝섬 유원지로 물놀이를 갔다. '못 살겠다 갈아 보자'란 슬로건을 내건 신익희의 대선 유세도 한강 백사장에서 있었다. 그야말로 인산인해를 이루어서 이승만 정권의 간담을 서늘하게 했다. 그만큼 모래는 우리 국토와 우리 생활에 중요한 요소였다. 그러나 한강종합개발 후에 사람들은 원래 강이 지금의 모습인 줄로 알고 모래강을 잊어 버렸다.

책은 이어서 모래강으로 가장 유명한 내성천에 대해 상세하게 쓰고 있다. 경북 봉화 산골에서 발원한 내성천은 유유하게 굽이굽이 흐르다가 예천 회룡포에서 극적인 선회를 한 후 낙동강 본류에 합수(合水)한다. 내성천에선 보를 건설하거나 준설을 하지는 않는다. 하지만 상류에 건설 중인 영주댐이 완공되면 모래 유입량이 줄어들어서 내성천의 모래가 서서히 사라질 것으로 예상된다. 이를 안타깝게 여긴 사람들은 내성천에서 모래강 순례를 했으나 공사는 계속되고 있다. 하회 마을에도 원래는 모래톱이 넓게 형성돼 물이 맑았으나, 안동댐이 세워진 후에 상류에서 내려오는 모래가 차단되어 모래톱이 작아졌다. 반면 섬진강 하류엔 아직도 모래톱이 건재하며, 그 때문에 낙동강 하구를 찾았던 철새들이 섬진강 하구로 찾아오고 있다.

마지막으로 저자는 4대강에서 퍼 올린 모래가 산맥과 피라미드를 이룬 기막힌 모습을 담은 사진을 보여 준다. 4대강 강변에 쌓아 놓은 모래더미는 초현실적이며 그로테스크한데, 이런 모습이 21세기의 우리나라에서 벌어지는 데 대해선 더 이상 할 말이 없어진다. 저자는 "4대강 공사에 암묵적으로 동의를 보내거나 적극적인 저지를 회피함으로써 우리는 모래를 파내서 우리가 살 곳을 파괴하는 데 동참한 꼴이 됐다"고 탄식한다. 저자는 "창조의 무대이기도 한 모래의 의미를 우리는 너무 늦게 깨닫기 시작했다"며 책을 끝맺음한다. 통한(痛恨)의 눈물을 흘리고 맺음말을 썼을 저자의 심정을 이해할 만하다.

시대를 생각하다

초판 1쇄 발행 2023년 7월 3일

지은이	이상돈
발행인	승영란, 김태진
편집주간	김태정
마케팅	함송이
경영지원	이보혜
디자인	ALL design group
출력	블루엔
인쇄	다라니인쇄
제본	경문제책사
펴낸 곳	에디터유한회사
주소	서울특별시 마포구 만리재로 80 예담빌딩 6층 (우) 04185
전화	02-753-2700, 2778
팩스	02-753-2779
출판 등록	1991년 6월 18일 제1991-000074호

값 19,000원
ISBN 978-89-6744-262-0   03340